STEFAN POP
ANGELIKA GROSSMANN

OST
EURO
PA vegan

Mit Fernweh-Gerichten von Karpaten bis Kaukasus

EMF

EIN BUCH DER
EDITION MICHAEL FISCHER

| REZEPT, S. 46 |

| REZEPT, S. 48 |

INHALT

ÜBER DIESES BUCH — 9
DIE REGION UND IHRE BESONDERHEITEN — 12
ESSEN IN DER REGION — 16
ÜBER DIE ZUTATEN IN DIESEM BUCH — 36

FRÜHLING — 45

URZICI CU USTUROI (RO, MD) — 46
BRENNNESSEL-KNOBLAUCH-POLENTA

LYUTENITSA (BG, MK, SR) — 48
GEMÜSEAUFSTRICH ODER DIP

SALATA DE UNTISOR (RO, MD) — 52
SCHARBOCKSKRAUT-SALAT

MCHADI (GE) — 53
GEORGISCHES MAISBROT

SOCATA FERMENTATA (RO) — 54
FERMENTIERTES HOLUNDERBLÜTEN-GETRÄNK

CIORBA DE VERDETURI (RO) — 56
SAURE FRÜHLINGSKRÄUTERSUPPE

SALATA DE CARTOFI NOI (RO) — 60
FRÜHKARTOFFELN MIT BÄRLAUCH UND DILL

HUTSUL VARYA (UA) — 61
ROTE-BETE-SALAT

MUCENICI MUNTENESTI (RO) — 62
NUDELN IN SÜSSER GEWÜRZSUPPE

SARMALE IN FOI DE VITA (RO, BG) — 64
WEINBLATT-RÖLLCHEN GEFÜLLT MIT
BUCHWEIZEN UND GEMÜSE

GULII CU CIUPERCI (RO) — 66
KOHLRABI GEFÜLLT MIT PILZEN

SKORDALIA BÄRLAUCH (GR) — 68
DIP AUS KARTOFFELN MIT KNOBLAUCH
UND BÄRLAUCH

HERKULESKOTELETT (GE) — 72
GEBRATENE HAFERFLOCKENPLÄTZCHEN

TOPINAMBUR (MD) — 73
TOPINAMBUR MIT BÄRLAUCHSAUCE

SHIRDOV SINI SARMA (AM) — 74
GEBACKENE WEINBLÄTTER MIT REIS

AVELUK APUR (AM) — 78
SAUERAMPFERSUPPE MIT LAUCH UND ERBSEN

KHINKALI (GE) — 79
MIT BRENNNESSELN GEFÜLLTE KHINKALI

BORS DE URZICI (MD) — 80
SAURE BRENNNESSELSUPPE NACH KLOSTERART

| **SALATA DE VERDETURI** (RO, MD) | 82 |
| PIKANTER FRÜHLINGSSALAT | |

| **ZELENCHUKOVA SUPA** (BG) | 84 |
| ZELENCHUKOVA GEMÜSESUPPE | |

SOMMER 86

| **SUPA DE ROSII SI ARDEI** (RO) | 88 |
| SÜSSE HERZHAFTE SUPPE MIT GEGRILLTEN TOMATEN UND PAPRIKA | |

| **SALATA DE VINETE** (RO) | 92 |
| AUBERGINEN-SALAT | |

| **AJVAR** (SR, ME, MK) | 93 |
| AJVAR | |

| **KIOPOULU** (BG) | 94 |
| AUBERGINEN-AUFSTRICH | |

| **BAKLAZANI PO-KHERSONSKI** (UA) | 95 |
| AUBERGINEN IM CHERSON-STYLE | |

| **FASOLAKIA LATHERA** (GR) | 96 |
| AUTHENTISCHE GRIECHISCHE GRÜNE BOHNEN | |

| **SIROP DE ZMEURA** (RO) | 100 |
| HIMBEERSIRUP | |

| **SERBET DIN PETALE DE FLORI** (BG) | 101 |
| BLÜTENBLÄTTER-SORBET | |

| **KISSEL** (RU) | 104 |
| RUSSISCHER OBST-PUDDING | |

| **COMPOT DE FRUCTE** (RO) | 105 |
| SOMMERLICHES KOMPOTT | |

| **SALATA DE CARTOFI** (MD) | 106 |
| KARTOFFELSALAT MIT LÖWENZAHN UND PETERSILIE | |

| **GHIVECI** (RO, MD, BG, SR, MK) | 108 |
| SOMMERGEMÜSE-EINTOPF | |

| **PILAF DE ARPACAS** (MD) | 112 |
| GERSTENRISOTTO MIT GRÜNER SAUCE UND GEMÜSE | |

| **SALATA IARBA GRASA** (RO) | 113 |
| PORTULAK-SALAT MIT SOMMERGEMÜSE | |

| **MUJDEI** (RO) | 116 |
| TYPISCHE RUMÄNISCHE KNOBLAUCHSAUCE | |

| **LIMBI DE DOVLECEI** (MD) | 117 |
| GEFÜLLTE ZUCCHINIRÖLLCHEN | |

| **BURETI DE FAG LA GRATAR** (RO) | 117 |
| GEGRILLTE AUSTERNPILZE | |

| **PEPENE ROSU CU HREAN** (RO) | 120 |
| WASSERMELONEN-SALAT MIT MEERRETTICH | |

| **SALATA DE ARDEI COPTI** (RO) | 121 |
| GEBRATENER SPITZPAPRIKA-SALAT | |

| **TSUKKINI PISTAKOV** (AM) | 122 |
| ZUCCHINI MIT PISTAZIEN | |

| **NISTISIMI SPANAKOPITA** (GR) | 124 |
| SPINATPASTETE | |

| REZEPT, S. 88 |

| REZEPT, S. 101 |

DULCEATA DE MORCOVI (RO) MÖHRENMARMELADE	126
VARZARE CU CIRESE AMARO (MD) AMAROKIRSCHEN IM KNUSPERMANTEL	130
PETALE DE TRANDAFIR (MD) ROSENBLÜTENSTRUDEL	131

HERBST 132

SFECLA UMPLUTA (RO) ROTE BETE GEFÜLLT MIT MEERRETTICH	134
CREME DE CIUPERCI (RO) PILZSUPPE	136
LOBIANI ADJARAN STYLE (GE) BROT MIT KIDNEYBOHNENFÜLLUNG	140
SOS DE GUTUI (MD) QUITTENSAUCE	141
BADRIJANI NIGVZIT (GE) AUBERGINENRÖLLCHEN GEFÜLLT MIT WALNÜSSEN UND GRANATAPFEL	144
MAMALIGA DE MEI (RO, MD, UA) HIRSEPOLENTA	145
BULZ VEGAN (RO, MD) POLENTABÄLLCHEN MIT PILZFÜLLUNG	146
DULCEATA DE PRUNE (RO) GEBRATENE PFLAUMENMARMELADE	148
CONOPIDA CU PESMET (RO) BLUMENKOHL MIT SEMMELBRÖSEL	152
ARDEI UMPLUTI (MD) MIT BOHNEN GEFÜLLTE PAPRIKA	153
GAMULA (UA) APFEL-HAFERFLOCKEN-DESSERT	154
ZACUSCA (RO) BROTAUFSTRICH AUS GEMÜSE UND PILZEN	158
CIUPERCI CU USTUROI (RO) SCHNELL EINGELEGTE CHAMPIGNON-VORSPEISE	159
DULCEATA DE GUTUI (RO) QUITTENMARMELADE (JURCOVAN)	160
CIORBA DE FASOLE (RO) SAURE SUPPE AUS TROCKENEN BOHNEN MIT HOPFENAUFGUSS	162
STRUDEL DOVLEAC (RO) KÜRBIS-STRUDEL	164
CHARKHLIS SALATI (GE) ROTE-BETE-SALAT MIT TKEMALI PFLAUMENSAUCE	166
TOGMAGI CU CIUPERCI (MD) HAUSGEMACHTE NUDELN MIT WALDPILZEN	168
SALATA DE FASOLE BOABE (RO) TROCKENBOHNENSALAT MIT ROTEN ZWIEBELN	170
CHISALITA DE PRUNE (RO) OBSTDESSERT MIT MAISMEHL	172

| REZEPT, S. 136 |

| REZEPT, S. 148 |

WINTER 174

DOVLEAC UMPLUT (RO)   176
GEFÜLLTER KÜRBIS

FAVA (GR)   180
DIP AUS SPALTERBSEN

FASOLE BATUTA (RO)   181
BOHNENAUFSTRICH MIT KARAMELLISIERTEN ZWIEBELN

VARZA CALITA (RO)   182
WEISSKOHL-EINTOPF

LOBIO (GE)   184
LANGSAM GEKOCHTER BOHNENEINTOPF MIT NÜSSEN UND GRANATAPFEL

VARZA ROSIE CU PRUNE (RO)   188
ROTKOHL MIT GETROCKNETEN PFLAUMEN

CIUPERCI UMPLUTE (RO)   189
GEBACKENE GEFÜLLTE CHAMPIGNONS

MELOMAKARONA (GR)   190
LECKERE KEKSE MIT REICHLICH GEWÜRZSIRUP

SARMALE CALUGARESTI (RO)   192
GEFÜLLTE KOHLROULADE NACH KLOSTERART

PRAZ CU MASLINE (GR)   194
LAUCH-OLIVEN-EINTOPF

SOUPA REVITHI LEMONI (GR)   196
KICHERERBSEN-ZITRONEN-SUPPE

PELINCILE DOMNULUI (RO)   200
WEIHNACHTSPFANNKUCHEN MIT WALNÜSSEN UND HANFSAMEN

COMPOT ARMENESC (RO)   201
ARMENISCHES KOMPOTT

SUPA DE GULII (MD)   202
KOHLRABISUPPE

PLACINTA CU VARZA (MD)   204
KRAUTTASCHEN

SUPA DE CHIMEN (RO)   208
KÜMMELSUPPE

TURSHIYA (BG)   209
EINGELEGTER SALAT

COLIVA (RO, MD, UA)   210
GERSTENBREI MIT WALNÜSSEN UND GEWÜRZEN

KASHA (UA)   214
BUCHWEIZENBLÄTTER MIT GESCHMORTEN PILZEN UND KARAMELLISIERTEN ZWIEBELN

SOS DE FRUCTE CU PRAZ (MD)   215
LAUCH MIT FRÜCHTEN

REGISTER   216

NOCH MEHR VEGANE INSPIRATION   221

ÜBER DIE AUTOREN   222

DANKE   223

IMPRESSUM   224

| REZEPT, S. 182 |

| REZEPT, S. 190 |

ÜBER DIESES BUCH

Dieses Buch ist nur ein kleiner Ausschnitt aus dem gastronomischen Universum, das von den Menschen in Osteuropa geschaffen wurde. Es deckt nicht jedes einzelne Land der Region ab und ist nicht „das Beste" aus der Küche jedes Landes.

Mit unserer Auswahl an Rezepten möchten wir Ihnen einen Einblick geben, wie vielfältig und köstlich alles sein kann, wenn man nur natürliche, unverarbeitete Zutaten verwendet. Viele der Rezepte in diesem Buch beruhen auf tausendjährigen Traditionen, die tief in der lokalen Kultur verwurzelt sind.

Wir haben eine Rezeptsammlung zusammengestellt, die dem Jahreszyklus folgt und Gerichte für jede Jahreszeit auf der Grundlage traditioneller Kochtechniken, teils mit kleinen Abwandlung präsentiert.

DIE REGION UND IHRE BESONDERHEITEN

GEOGRAFISCHE GRENZEN

Die am häufigsten akzeptierte Definition von „Osteuropa" umfasst die Länder Belarus, Russland, Ukraine, Moldawien und Rumänien. Andere Definitionen können jedoch auch einige oder alle der folgenden Länder einschließen:

- **Der Balkan:** Albanien, Bosnien und Herzegowina, Bulgarien, Kroatien, Kosovo, Nordmazedonien, Montenegro, Serbien und Slowenien
- **Der Kaukasus:** Armenien, Aserbaidschan und Georgien

GEOPOLITISCHE UND SOZIO-ÖKONOMISCHE GRENZEN

Auch die geopolitischen und sozio-ökonomischen Grenzen Osteuropas waren im Laufe der Geschichte fließend. Während des Kalten Krieges bildete Osteuropa eine Gruppe von Ländern, die mit der Sowjetunion verbündet waren. Nach dem Zusammenbruch der Sowjetunion im Jahr 1991 begannen viele dieser Länder mit dem Übergang zu Demokratie und Kapitalismus. Der Übergangsprozess verlief jedoch ungleichmäßig und viele osteuropäische Länder stehen noch immer vor Herausforderungen wie Armut, Korruption und Kriminalität.

Einige der wichtigsten Merkmale Osteuropas:

- Große Sprachenvielfalt: In Osteuropa gibt es eine Vielzahl von Sprachen, darunter Russisch, Ukrainisch, Weißrussisch, Rumänisch, Polnisch, Ungarisch, Tschechisch, Slowakisch, Bulgarisch und Slowenisch, Albanisch, Griechisch, Serbokroatisch.
- Reiches kulturelles Erbe: Osteuropa ist eine Region mit einem reichen kulturellen Erbe, einschließlich Kunst, Musik, Literatur und Architektur.
- Reiche Landschaften: Osteuropa ist eine Region mit einer großen Varianz an Landschaften, darunter Berge, Wälder, Ebenen und Küsten.
- Dynamische Volkswirtschaften: Die Volkswirtschaften Osteuropas befinden sich im Wandel von der zentralen Planwirtschaft zur Marktwirtschaft.

Osteuropa wird zudem oft durch seine kulturellen und historischen Bindungen an die orthodoxe christliche Kirche definiert. Die östlich-orthodoxe Kirche ist einer der beiden großen Zweige des Christentums mit einer herausragenden Rolle in der Geschichte und Kultur Ost- und Südosteuropas. Das Schisma zwischen der östlichen und der westlichen Kirche ereignete sich im Jahr 1054, es hat die religiöse und politische Landschaft Europas nachhaltig beeinflusst.

Das orthodoxe Christentum legt großen Wert auf das Fasten, d.h. den Verzicht auf Fleisch, Milchprodukte und andere tierische Erzeugnisse an bestimmten Tagen im Jahr. Diese Praxis hat die Entwicklung der osteuropäischen Küche maßgeblich beeinflusst und zu einer Vielzahl von fleischlosen Gerichten geführt, die sowohl nahrhaft als auch schmackhaft sind.

ESSEN IN DER REGION

Die osteuropäische Küche besitzt eine vielfältige und reiche Tradition, die durch die Geschichte, die Geografie und die kulturellen Einflüsse der Region geprägt ist. Hier finden Sie einige der in Osteuropa üblichen kulinarischen Gewohnheiten:

Brot und Körner: Getreide, insbesondere Roggen, Weizen, Gerste und Buchweizen, bilden die Grundlage vieler osteuropäischer Gerichte. Diese Grundnahrungsmittel liefern wichtige Kohlenhydrate und werden oft von deftigen Eintöpfen, Suppen und herzhaftem Gebäck begleitet.

Eingemachte Lebensmittel: Konservierungstechniken spielen in der osteuropäischen Küche eine entscheidende Rolle, da sie es ermöglichen, das ganze Jahr über auch saisonale Zutaten zu genießen. Methoden wie Einmachen, Beizen und Trocknen sorgen für den Reichtum an Obst, Gemüse und Fleisch und tragen zu den robusten Geschmacksprofilen der Region bei.

Herzhafte Eintöpfe und Suppen bilden die Eckpfeiler der osteuropäischen Küche und bieten Wärme, Wohlgefühl und Sättigung. In diesen Gerichten werden oft Fleisch, Geflügel oder Gemüse in reichhaltigen Brühen geschmort und mit einer Mischung aus Kräutern und Gewürzen abgeschmeckt.

Saisonale Verfügbarkeit: Die osteuropäische Küche orientiert sich an der Fülle der Jahreszeiten. Bauernmärkte und lokale Produkte werden hoch geschätzt, sodass die Gerichte das ganze Jahr über frisch und abwechslungsreich sind.

Unverwechselbare Geschmacksrichtungen: Die osteuropäische Küche zeichnet sich durch eine einzigartige Geschmacksmischung aus, die oft kräftige Gewürze wie Paprika, Kreuzkümmel, Dill und Kümmel umfasst. Diese Gewürze verleihen den Gerichten Tiefe und Komplexität und schaffen eine eigene kulinarische Identität.

Süße Leckereien und Gebäck: Osteuropäische Desserts sind bekannt für ihre reichhaltige Textur, ihren süßen Genuss und gelegentlich rustikalen Charme. Pasteten, Knödel, Gebäck und Kuchen sind weit verbreitet und enthalten oft Früchte, Nüsse und traditionelle Gewürze wie Zimt und Nelken.

Gesellschaftliche Versammlungen und gemeinsame Mahlzeiten: Essen ist ein zentrales Element sozialer Zusammenkünfte in Osteuropa. Bei Familienmahlzeiten, Feiern und zwanglosen Zusammenkünften stehen oft gemeinsame Gerichte im Mittelpunkt, die die Gemeinschaft und den Zusammenhalt fördern.

Familientraditionen und handwerkliche Kochkunst: Die osteuropäische Küche ist häufig geprägt von starken Familientraditionen und handwerklichen Techniken. Die Rezepte werden von Generation zu Generation weitergegeben, und viele Gerichte werden mit Geduld und Sorgfalt zubereitet, um das kulturelle Erbe zu bewahren.

Anpassungsfähigkeit und regionale Variationen: Die osteuropäische Küche ist anpassungsfähig, variiert von Region zu Region und spiegelt die lokalen Einflüsse und Vorlieben wider. Es gibt zwar gemeinsame Elemente, aber jedes Land oder jede Region hat seine eigenen kulinarischen Spezialitäten.

Die lebendige und vielfältige kulinarische Tradition der osteuropäischen Küche wurde geformt von Einflüssen verschiedener historischer Epochen, kulturellem Austausch und geografischen Faktoren. Zu den wichtigsten Einflüssen, die die osteuropäische Küche geprägt haben, gehören die folgenden:

Nomadische und pastorale Einflüsse: Die Geschichte Osteuropas ist geprägt von Nomaden und Hirtengesellschaften, wobei Gruppen wie die Mongolen, Tataren und Kosaken Gewürze wie Paprika, Kümmel und Anis in das kulinarische Repertoire der Region einführten. Diese Aromen wurden zu einem integralen Bestandteil der osteuropäischen Gerichte, die ihnen Tiefe und Komplexität im Geschmack verleihen.

Handel und Verkehrswege: Die strategische Lage Osteuropas an den Handelsrouten zwischen Asien, dem Nahen Osten und Westeuropa erleichterte den Austausch von Gewürzen, Zutaten und kulinarischen Techniken. Byzantinische, osmanische und österreichisch-ungarische Einflüsse bereicherten die Küche der Region unter anderem mit Auberginen, Tomaten und Nudelgerichten.

Saisonalität und lokale Produkte: Die osteuropäische Küche bedient sich der Fülle der Jahreszeiten und nutzt lokale Produkte in ihrer saisonalen Verfügbarkeit, um frische und schmackhafte Zutaten zu gewährleisten. Bauernmärkte und traditionelles Sammeln sind seit langem Teil der kulinarischen Kultur der Region und spiegeln die tiefe Verbindung zwischen Lebensmitteln und der Natur wider.

Glaube, Traditionen und Feiertage: Religiöse Traditionen und Festtage haben die osteuropäische Küche maßgeblich geprägt. Fastentraditionen führten zur Entwicklung von Gerichten ohne tierische Bestandteile, während Feiertage oft mit besonderen Gerichten und traditionellen Bräuchen begangen wurden.

Kultureller Austausch und Diaspora: Starken Einfluss auf die osteuropäische Küche hatten auch der kulturelle Austausch und die Diaspora. Die jüdische Gemeinschaft mit ihren reichen kulinarischen Traditionen brachte Elemente aus Zentral- und Westasien mit, während slawische Gruppen ihre eigenen Aromen und Kochtechniken einbrachten.

Kommunismus und sowjetische Einflüsse: Die Zeit der sowjetischen Herrschaft in Osteuropa hatte einen erheblichen Einfluss auch auf die Küche der Region. Die Standardisierung der Lebensmittelproduktion und -verteilung führte zur Entwicklung neuer Gerichte und Grundnahrungsmittel, während der kulturelle Austausch zwischen den Sowjetrepubliken auch regionale Einflüsse einbrachte.

Postsowjetische Ära und kulinarische Wiederbelebung: Nach dem Zusammenbruch der Sowjetunion erlebte die osteuropäische Küche eine Wiederbelebung, wobei der Schwerpunkt erneut auf traditionellen Gerichten, lokalen Zutaten und handwerklicher Lebensmittelproduktion lag. In dieser Zeit erwachte das Interesse, das reiche kulinarische Erbe der Region zu bewahren und bekannt zu machen.

Globalisierung und kulinarische Fusion: In den letzten Jahren hat sich die osteuropäische Küche der Globalisierung und der kulinarischen Fusion verschrieben und Einflüsse aus internationalen Küchen, neue Kochtechniken und zeitgenössische Ernährungstrends aufgegriffen. Diese Offenheit für Innovationen hat die kulinarische Landschaft der Region weiter bereichert.

Zusammenfassend lässt sich sagen, dass die osteuropäische Küche eine dynamische und sich ständig weiterentwickelnde Tradition besitzt, die permanent von historischen Einflüssen, kulturellem Austausch und kulinarischen Trends geprägt wird. Das reiche und vielfältige kulinarische Erbe der Region spiegelt den Geist der Menschen, ihre Anpassungsfähigkeit und ihre tiefe Verbundenheit mit dem Land und seinen Reichtümern wider.

VEGAN IN OSTEUROPA

Die osteuropäische Küche wird oft als eine Fülle deftiger, fleischlastiger Gerichte dargestellt, sodass sich viele Veganer vom kulinarischen Reichtum der Region ausgeschlossen fühlen. Diese Vorstellung wird jedoch dem wahren Wesen der osteuropäischen Küche nicht gerecht. Sie weist eine überraschende Vielseitigkeit auf, die auch pflanzliche Anpassungen problemlos zulässt.

Jenseits der bekannten, von Fleisch dominierten Gerichte, bietet die osteuropäische Küche zahlreiche Aromen, Zutaten und Kochtechniken, die sich kunstvoll in vegane Meisterwerke verwandeln lassen.

Die osteuropäische Küche basiert im Kern auf einem Fundament aus herzhaftem Getreide, kräftigen Gewürzen und einer großen Vielfalt an frischen Produkten. Diese Elemente bilden das Rückgrat zahlloser traditioneller Gerichte und bieten eine Grundlage, auf der vegane Kreationen gedeihen können. Körner wie Roggen, Weizen und Gerste dienen seit langem als Grundnahrungsmittel und verleihen Suppen, Eintöpfen und herzhaftem Gebäck Struktur und Substanz.

Gewürze wie Paprika, Kreuzkümmel und Dill geben osteuropäischen Gerichten ihre unverwechselbare Wärme und Komplexität und schaffen Geschmacksschichten, die über die Grenzen von Fleisch hinausgehen. Diese Gewürze lassen sich nahtlos in vegane Adaptionen übernehmen und verleihen pflanzlichen Kreationen einen Hauch von Authentizität. Und schließlich bietet der Reichtum an frischem Gemüse und Obst eine Fundgrube an Zutaten für vegane kulinarische Entdeckungen. Rote Bete, Kartoffeln, Kohl und eine Vielzahl saisonaler Produkte können in köstliche vegane Gerichte verwandelt werden, die die Essenz der osteuropäischen Aromen einfangen, ohne auf tierische Produkte zurückzugreifen.

Mit der Vielseitigkeit osteuropäischer Gerichte können sich Veganer*innen auf ein kulinarisches Abenteuer einlassen, das die reichen Aromen und Traditionen der Region auf rein pflanzlicher Basis präsentiert. Von herzhaften Linseneintöpfen zu Pilz-Stroganoff, von gefüllten Paprikaschoten bis zu süßem Mohnkuchen – die Möglichkeiten sind endlos.

JAHRESZYKLUS – SAISONALITÄT

Die osteuropäische Küche ist stark saisonabhängig, die Gerichte spiegeln den Reichtum der lokalen Produkte im Laufe der Jahreszeiten wider. Die Saisonalität ist tief in der Geschichte und Kultur der Regon verwurzelt und zeigt die Bedeutung des landwirtschaftlichen Erbes und die enge Verbindung mit dem Land.

Osteuropa ist eine große und facettenreiche Region mit einer Vielzahl von Klimazonen und Landschaften. Diese geografische Vielfalt hat erhebliche Auswirkungen auf die Arten von Kulturpflanzen, die angebaut werden können. In den wärmeren südlichen Regionen gedeihen Granatäpfel oder Zitronen und Orangen, während in den kühleren nördlichen Regionen eher Wurzelgemüse und Kohl verbreitet sind.

Osteuropa hat eine lange Tradition in der Landwirtschaft, und viele Familien haben ihre eigenen kleinen Bauernhöfe. Das bedeutet, dass sie mit den lokalen Pflanzen-Kulturen und deren Verwendung in der Küche vertraut sind. In der Folge basiert die osteuropäische Küche oft auf einfachen, hausgemachten Gerichten, die das Beste aus den saisonalen Zutaten herausholen.

Der Frühling beginnt mit dem ersten Austrieb der Bäume, den laut und unruhig singenden Nachtigallen und dem Duft von Blumen an jeder Ecke.

Er bringt eine Fülle von Frische und Köstlichkeiten. Brennnesseln, Bärlauch, Scharbock, Erdbeeren, Holunderblüten, Frühlingszwiebeln oder Pilze erobern die Bauernmärkte.

Diese frischen Produkte, zusammen mit den Frühlingskartoffeln oder dem letzten Eingemachten aus dem vergangenen Herbst, bildet die Basis für köstliche und energiereiche Gerichte.

Im Frühling gehe ich am liebsten im Wald oder auf dem Feld auf die Suche nach Brennnesseln, Scharbock oder Bärlauch für die erste „Ciorba de verdeturi – Saure Frühlingskräutersuppe" (S. 56–57) des Jahres. Diese Zutaten sind das, was man mit dem Frühling verbindet: Die Farbe Grün und die Lebendigkeit. Die Energie des Lebens explodiert wieder einmal.

Der Sommer kommt, sobald die ersten Kirschen rot sind und es nach Lindenblüten duftet. Er ist die Jahreszeit des frischen Gemüses, in der osteuropäischen Küche gibt es auch eine große Vielfalt an gegrilltem, gebratenem und eingelegtem Gemüse. Tomaten, Gurken, Paprika, Zucchini und Auberginen sind allesamt beliebte Sommergemüse. Auch Früchte wie Pfirsiche, Pflaumen und Melonen haben in den Sommermonaten Saison.

Wir haben einige interessante Variationen von Auberginen-Aufstrichen oder Dips und viele Rezepte mit Grillpaprika zusammengestellt. Der Geschmack von gegrilltem Gemüse ist einfach umwerfend. Und die beste Zeit, um Gemüse zu grillen, ist der Sommer.

Der Herbst kommt in diesen Teilen Europas nur langsam voran, es fühlt sich eher wie ein nicht enden wollender Sommer an. Aber jeder weiß, dass der Herbst gekommen ist, wenn die Wassermelonen vom Markt verschwunden sind.

Es ist die Zeit des Einlegens, Einmachens und des Einkochens von Marmelade oder Zacusca. Letzter Aufruf für Paprika und Auberginen, erster Aufruf für Kürbisse und Kohlköpfe.

Der Herbst ist meine liebste Jahreszeit. Ich erinnere mich noch gut daran, wie ich als Junge meiner Mutter und Großmutter beim Schneiden, Schälen, und Abwiegen geholfen habe. Das war damals kein Spaß, es war unser Essen für den gesamten Winter. Stellen Sie sich einmal 20 kg Pflaumen für Marmelade vor oder eine ähnliche Menge an Sauerkraut oder Zacusca.

Im Winter liegt der Schwerpunkt auf der Konservierung der Ernte, wobei Gerichte wie eingelegte Gurken, Sauerkraut und Trockenfrüchte die kalte Jahreszeit bestimmen. Diese konservierten Lebensmittel erweitern nicht nur die kulinarische Palette, sie zeigen auch den Einfallsreichtum der Region und ihre Verortung im Land.

Der Winter macht in den osteuropäischen Haushalten keine Pause, der Prozess des Einmachens geht weiter und natürlich tauscht und verkostet man all diese köstlichen Gläser mit der Familie und mit Freunden..

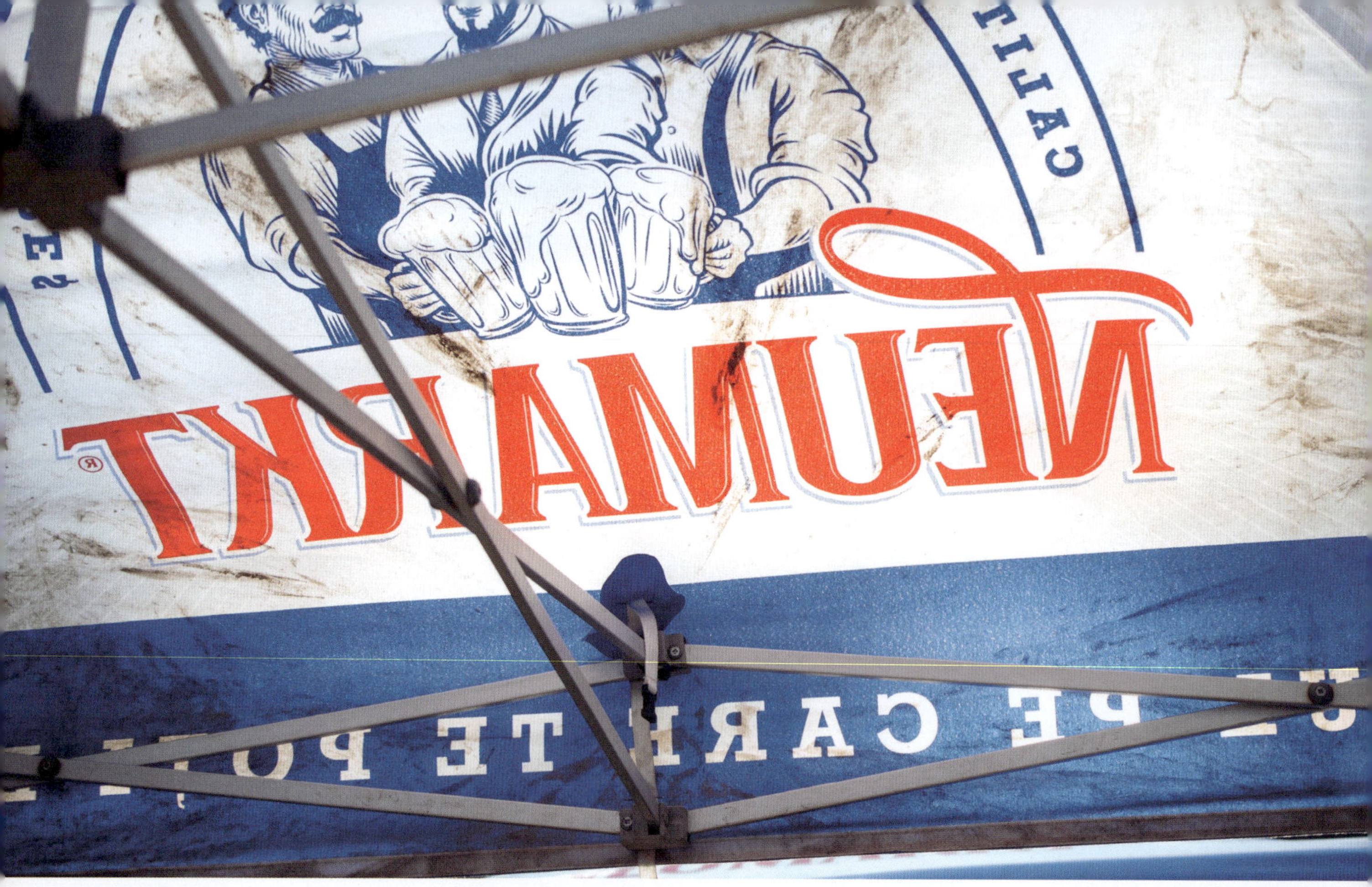
NEUMARKT

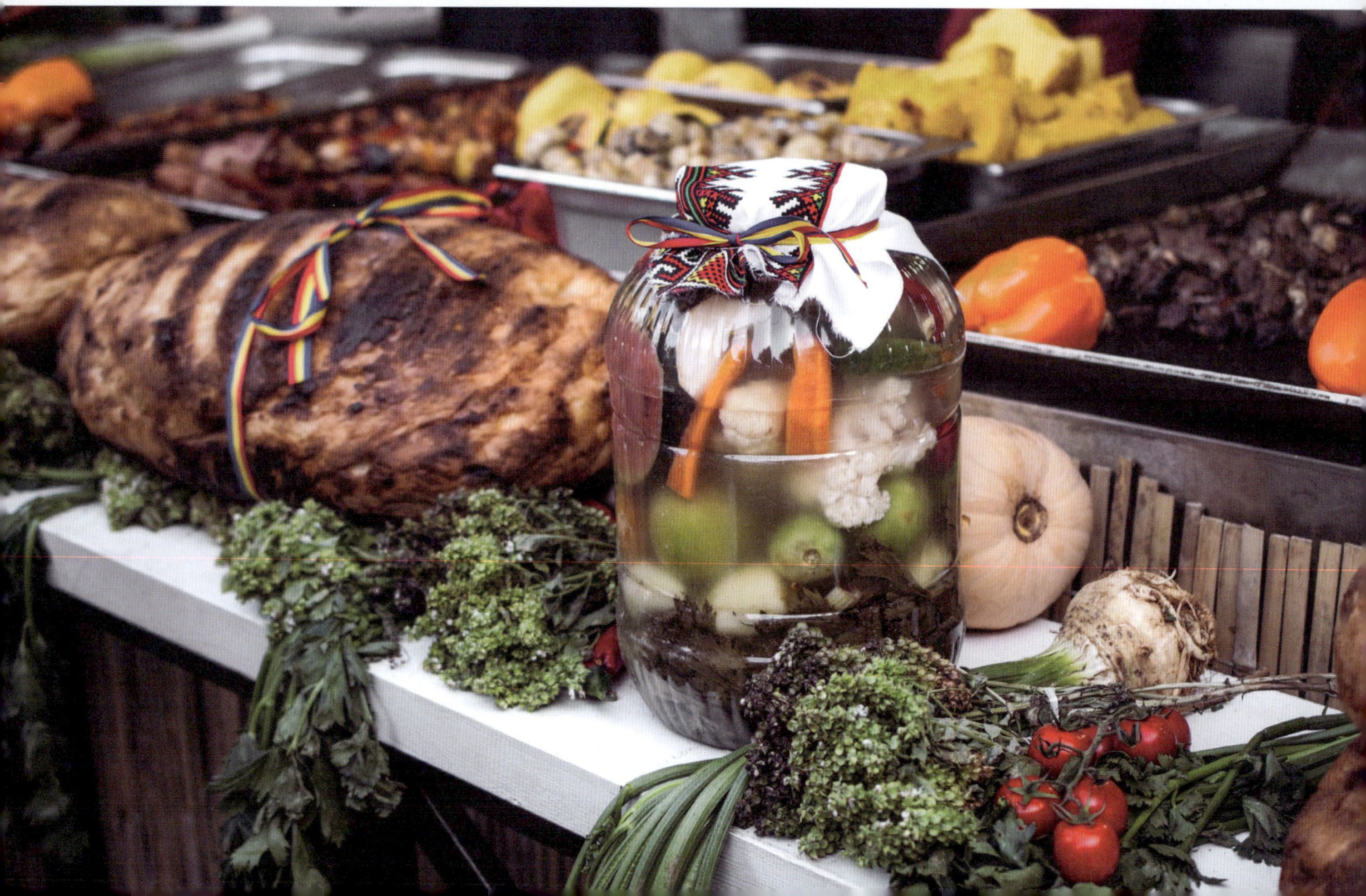

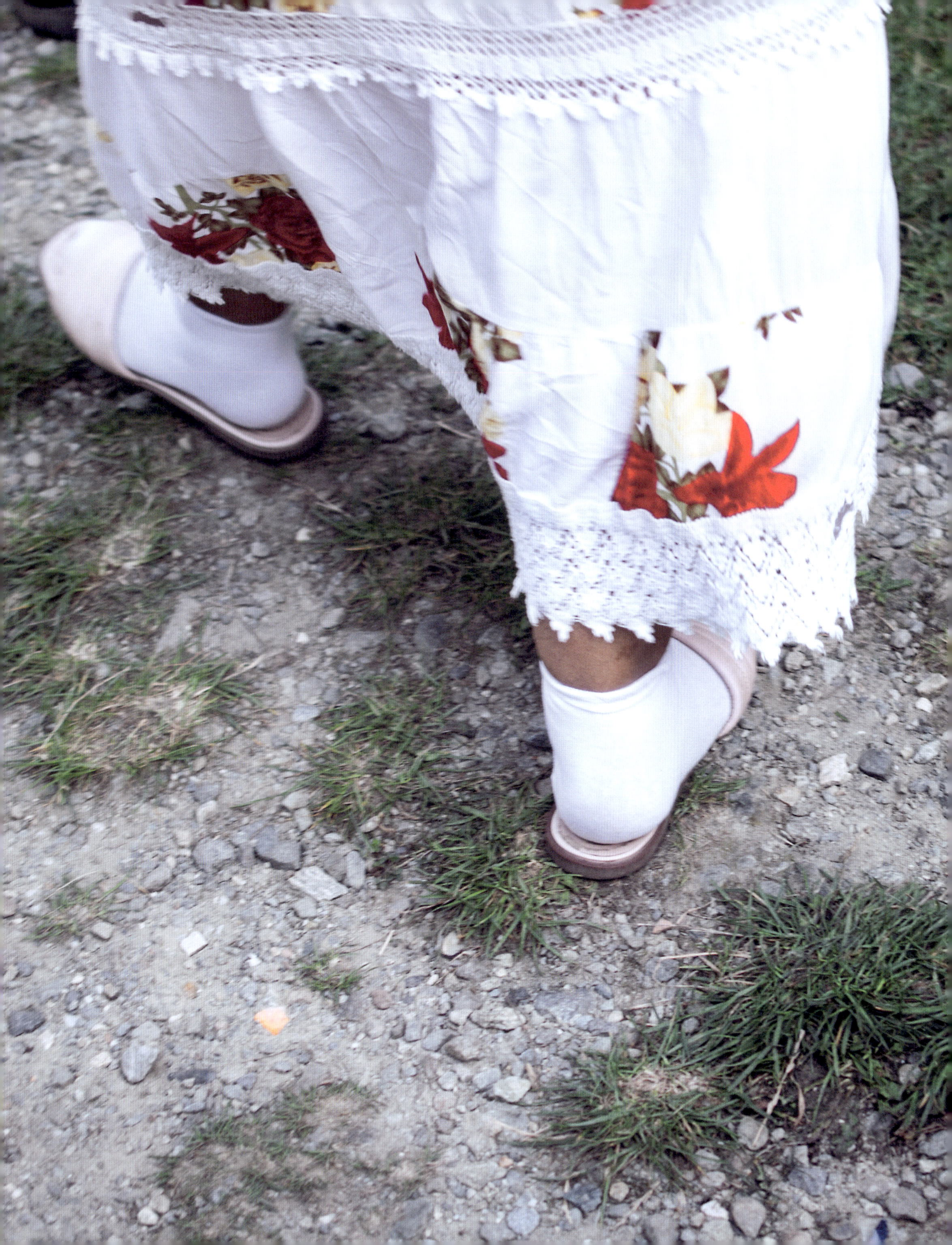

ÜBER DIE ZUTATEN IN DIESEM BUCH

Die in unserem Buch vorgestellten Rezepte stammen aus den traditionellen Küchen Osteuropas und zeigen die Bandbreite der Zutaten, von denen einige nicht ganz so bekannt sind oder oft gar übersehen werden. Andere sind Grundnahrungsmittel, die tief in der lokalen Küche verwurzelt sind. Aber jede Zutat hat ihre eigene einzigartige Bedeutung.

DER FRÜHLING

Wenn der Frühling in Osteuropa anbricht, kündigt er eine Zeit der Erneuerung und der Vorfreude an. Seit Generationen haben die Menschen das Land bearbeitet und sich auf seine Früchte verlassen, um sich und ihre Familien zu ernähren. Der Frühling symbolisiert die Wiedergeburt der Natur und gibt Hoffnung auf ein fruchtbares neues Jahr. In der Küche bedeutet er den Übergang von der deftigen Winterkost zu leichteren, vitaminreichen Gerichten.

Im ersten Kapiteln unseres Buches werden Zutaten vorgestellt, die vielleicht eigenwillig erscheinen mögen. Sobald sie Saison haben, ist die Zubereitung mancher dieser Zutaten für mich aber fast schon ein Ritual. Denn sie sind jedes Jahr nur etwa drei Wochen lang zu haben:

Zum Beispiel die **Baby-Brennnesseln** – sie sind eine hervorragende Alternative zu Spinat. Sie haben einen besseren Nährwert und Geschmack und sprießen gegen Ende Februar oder Anfang März. Dann bleiben sie für 2–3 Wochen lang essbar. Danach haben sie ihren dritten Satz Blätter entwickelt. Trotz ihrer zarten Schönheit ist beim Umgang mit Baby-Brennnesseln Vorsicht geboten, da sie leicht brennen.

Ähnlich verhält es sich mit **Scharbockskraut**, auch bekannt als Sauerklee. Es taucht im Frühjahr mit seinen saftigen, butterartigen Blättern auf. Man findet es auf Waldlichtungen versteckt unter dem abgefallenen Laub des letzten Jahres. Seine essbare Phase dauert nur 2–3 Wochen, danach entwickelt es ungenießbare Haare.

Die **Gartenmelde** bildet zusammen mit Sauerampfer und Bärlauch ein Trio, das für Frühlingssuppen unverzichtbar ist. Diese Suppen verkörpern die Vitalität der Jahreszeit und strotzen vor Frische. Wir geben Ihnen ein Rezept an die hand, aber experimentieren Sie ruhig auch mit anderen Zutaten, die Ihnen schmecken – egal, ob Babykarotten, süße Erbsen, Pilze oder Spinat.

Brottrunk ist ein fermentiertes Getränk, das aus Brotresten oder Weizenkleie gewonnen wird. Er spielt eine wichtige Rolle in den in Osteuropa verbreiteten sauren Suppen. Brottrunk ist ein probiotisches Produkt und harmoniert mit seinem säuerlichen, hefeartigen Geschmack perfekt mit diesen Suppen.

DER SOMMER

Der Sommer kommt und mit ihm die intensiven Sonnenstunden. Er bietet eine Fülle von reifem Obst und Gemüse, das man am besten auf den örtlichen Märkten probiert. Von leuchtenden Auberginen und Paprikaschoten bis hin zu duftenden Tomaten und Kräutern ist die Sommerfülle ein Fest für die Sinne.

Portulak, ein in ganz Europa weit verbreitetes Unkraut, ist mit seinen frischen, mild-herben Blättern ideal für die Verwendung in der Küche. Seit prähistorischen Zeiten wird es als Nahrungsmittel verwendet. Aber in manchen Teilen Europas ist es in Vergessenheit geraten. Ihm wird eine lindernde Wirkung bei Magen- und Verdauungsbeschwerden nachgesagt. Die frischen Blätter sind essbar und haben einen salzigsauren und nussigen Geschmack. Auch die Blüten eignen sich zum Verzehr und können wie Kapern behandelt werden.

Essbare **Blütenblätter** von Rosen, Lavendel, Löwenzahn und Zucchini werden häufig in traditionellen Rezepten Osteuropas verwendet. Es gibt Rosenarten, die speziell für ihre Blütenblätter gezüchtet werden, aber im Allgemeinen sind alle Rosen zum Kochen geeignet.

Scheinbar alltäglichen Zutaten kommt in der osteuropäischen Küche eine besondere Bedeutung zu. Vor allem **Auberginen** gelten als königliches Gemüse – vielseitig, reichlich vorhanden und unbestreitbar köstlich. Auch die **Paprika** mit ihrer Süße und Knackigkeit ist ein persönlicher Favorit, vor allem, wenn sie über offener Flamme geröstet wird, um ihre natürlichen Aromen zu verstärken.

DER HERBST

Der Herbst ist der Höhepunkt des landwirtschaftlichen Zyklus': Die Felder bringen eine reiche Ernte ein, die zu Konserven, Marmeladen oder Eingemachtem verarbeitet wird.

Grundnahrungsmittel wie Mais, Kürbis und Kohl spielen eine wichtige Rolle, denn sie bieten deftige Kost für die kühleren Monate.

Hopfenblüten, die häufig an Zäunen und Sträuchern zu finden sind, verleihen Bohnensuppen einen köstlichen Geschmack, wenn sie getrocknet und aufgegossen werden. Alternativ bietet getrockneter Hopfen, der häufig beim Bierbrauen verwendet wird, eine praktische Option zum Würzen von Suppen.

DER WINTER

Der Winter schließt den Jahreszyklus ab und inspiriert zu Rezepten, die sich durch Tiefe, Reichhaltigkeit und einen Hauch von Festlichkeit auszeichnen.

Der **Kürbis** wird zur Hauptzutat. Seine Vielseitigkeit zeigt sich in verschiedenen Formen, von gerösteten Gerichten bis hin zu Kuchen.

In früheren Zeiten wurden **Hanfsamen** wegen ihrer angeblich beruhigenden Eigenschaften geschätzt. Hanfsamenmilch wurde zur Beruhigung von Säuglingen verwendet. Unser Buch erforscht alternative Verwendungsmöglichkeiten für Hanfsamen, wie z. B. die Gerinnung ihrer Proteine durch Zerkleinern und Kochen.

Unser Buch kann nur ein paar wenige Schlaglichter des kulinarischen Erbes Osteuropas aufgreifen. Wir wollen Sie ermutigen, authentische Geschmacksrichtungen zu erforschen und mit ihnen zu experimentieren. Wir laden Sie dazu ein, sich auf eine kulinarische Reise zu begeben. Nutzen Sie Ihre Leidenschaft für das Kochen und kreieren Sie erfüllende Gerichte, die Ihren individuellen Geschmack und Ihre Vorlieben widerspiegeln.

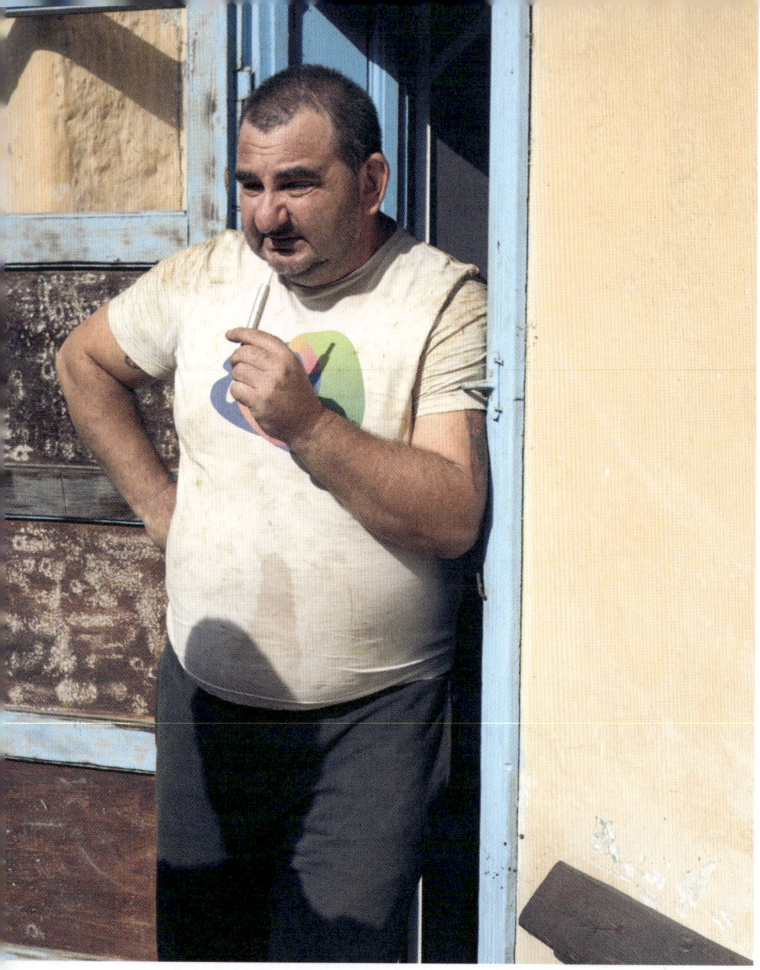

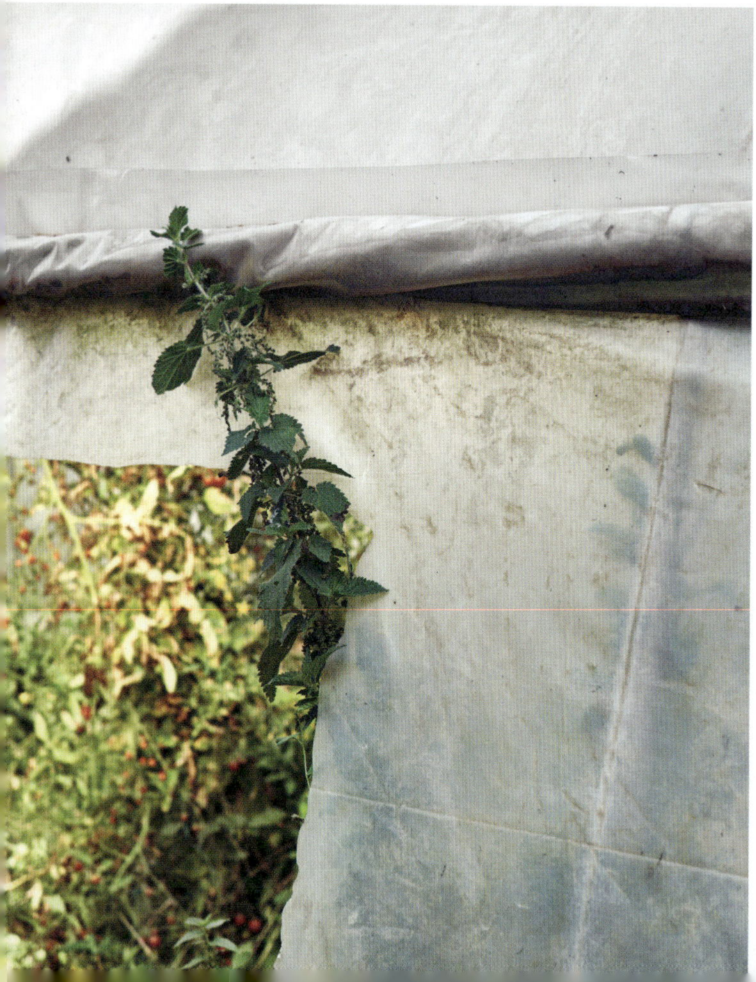

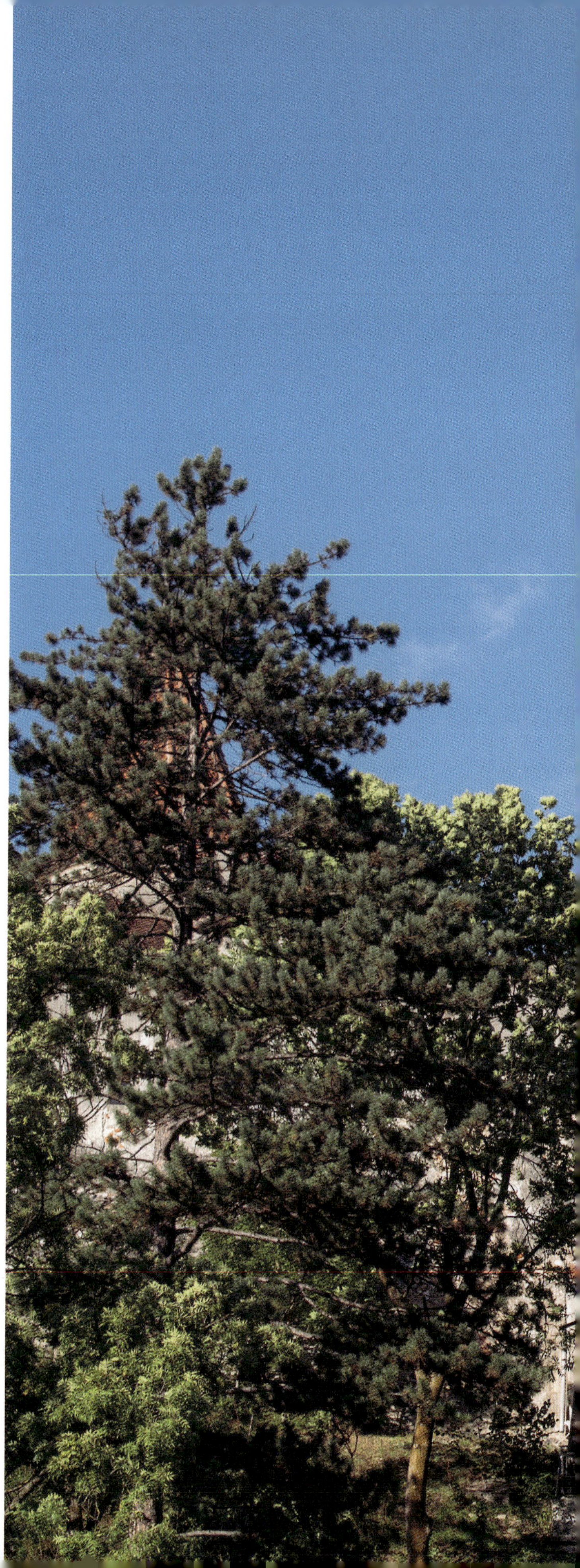

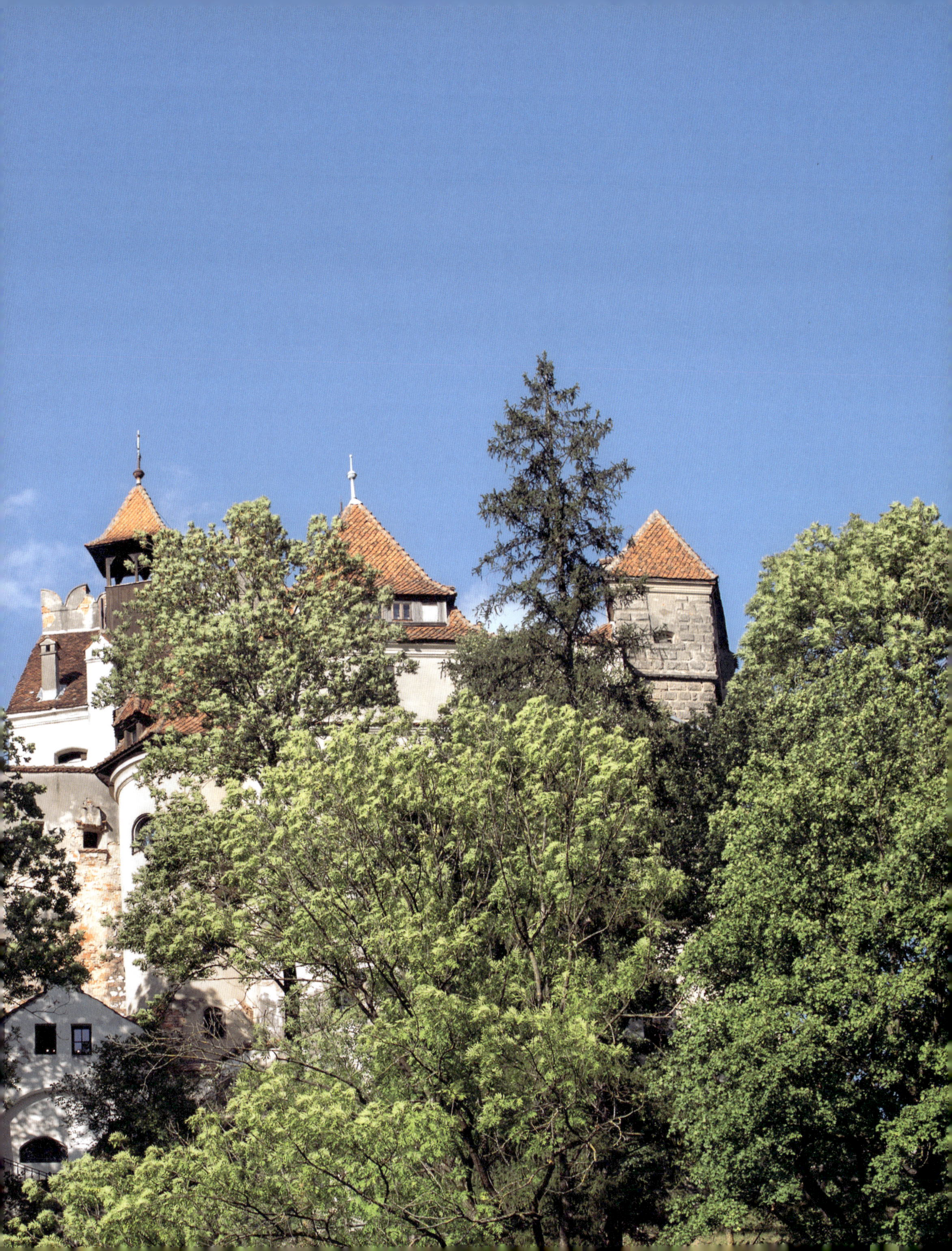

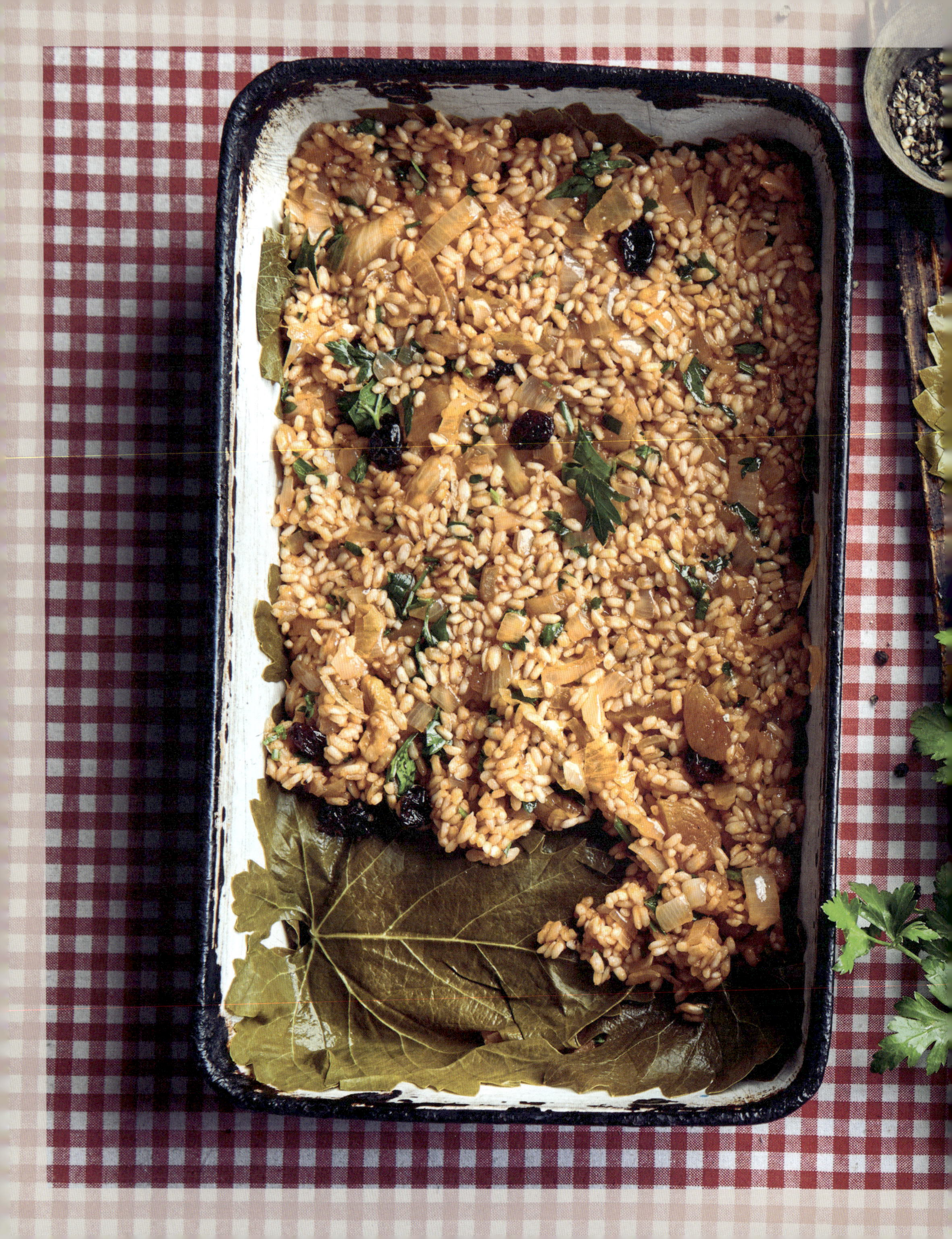

REZEPTE

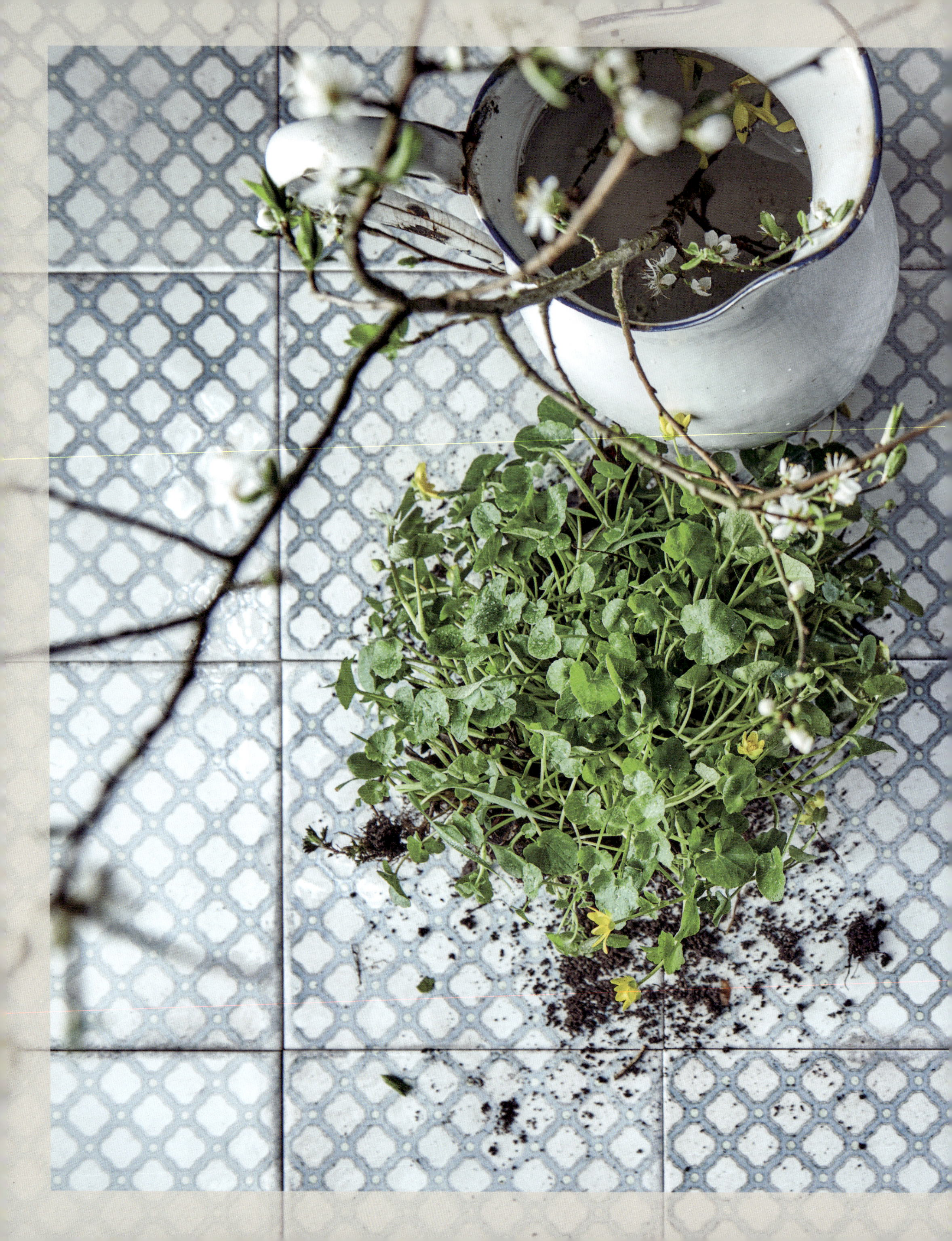

FRÜHLING

URZICI CU USTUROI (RO, MD)

BRENNNESSEL-KNOBLAUCH-POLENTA

Zutaten

Für 4 Portionen
1 kg Brennnesseln
3–4 Knoblauchzehen
2 Zwiebeln
100 ml Rapsöl
100 g Maismehl
Salz
½ TL schwarzer Pfeffer
50 ml Olivenöl

Zubereitung

In einem großen Topf Wasser zum Kochen bringen und so viel Salz hinzufügen, dass es nach Mittelmeer schmeckt. Die Brennnesseln abschütteln, dann 2 Minuten in das kochende Wasser geben. In ein großes Sieb abgießen und abkühlen lassen.

Knoblauch und Zwiebeln schälen, fein hacken und in einer Pfanne bei niedriger Temperatur im Rapsöl andünsten, bis der Knoblauch zu duften beginnt. Dann die Brennnesseln in die Pfanne geben. 3–4 Minuten dünsten, dann 400 ml Wasser hinzufügen und zum Köcheln bringen.

Das Maismehl einrieseln lassen und verrühren, bis es vollständig und klumpenfrei eingearbeitet ist. Weiter kochen und verrühren, bis eine zähflüssige Masse entsteht. Mit Salz und Pfeffer abschmecken und mit dem Olivenöl beträufelt heiß servieren.

Brennnesseln werden im zeitigen Frühling (März) auf den Feldern oder in den Wäldern gepflückt, wenn sie noch zart sind, später werden sie zäh und holzig. Es ist eine Menge Arbeit, sie zu pflücken und noch mehr, sie zu reinigen, aber es lohnt sich und das Ergebnis wird Sie mit diesem köstlichen Geschmack des Frühlings belohnen.

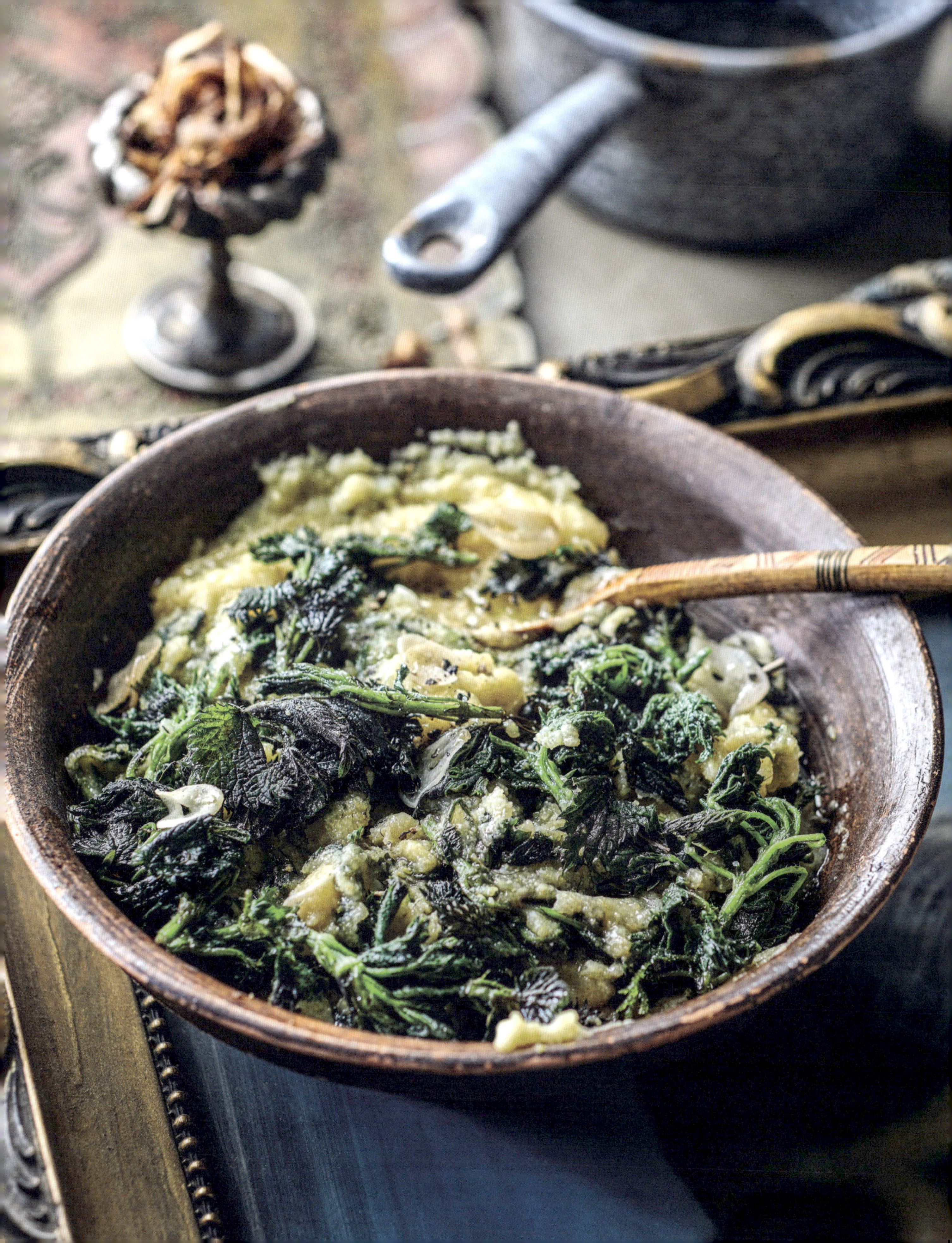

LYUTENITSA (BG, MK, SR)

GEMÜSEAUFSTRICH ODER DIP

Zutaten

Für 4 Portionen

1 kg rote Spitzpaprika
Meersalz
1 kg Auberginen
1 kg Tomaten
1 kleine Zwiebel
100 ml Sonnenblumenöl
30 g Salz
20 g Zucker
2 Lorbeerblätter
1 TL schwarze Pfefferkörner

Zubereitung

Die Paprika auf dem Grill rösten, bis sie von allen Seiten verschmort ist. In eine Metallschüssel geben, mit Meersalz bestreuen, mit einem Deckel verschließen und erkalten lassen.

Die Auberginen auf dem Grill rösten, bis die Haut verschmort und das Fruchtfleisch um den Stiel herum weich ist. Die Haut auf 2 Seiten einschneiden, mit Meersalz bestreuen und in ein Sieb geben, abkühlen und abtropfen lassen.

Die kalte Paprika vorsichtig schälen, bis die schwarze Haut komplett entfernt ist. Die Stiele und Kerne ebenfalls entfernen. Die beim Abkühlen entstandene Flüssigkeit aufbewahren.

Die kalten Auberginen von den Stiele befreien, die Hälften öffnen und das Fruchtfleisch mit einem Löffel herausschaben.

Die Tomaten häuten und fein hacken oder reiben und das Fruchtfleisch in einem tiefen Topf zum Kochen bringen. Sobald die Tomaten kochen, die Temperatur auf kleine Stufe reduzieren und weiter köcheln lassen, dabei ständig rühren.

In der Zwischenzeit die Paprikaschoten und Auberginen fein hacken. Sobald das Wasser in den Tomaten verdampft ist, die Paprika und Auberginen sowie den Saft der Paprika, den Lorbeer und den Pfeffer hinzufügen. So lange rühren, bis die Masse einzudicken beginnt.

Die Zwiebel schälen und in feine Halbringe schneiden, dann bei starker Hitze im Öl goldgelb anbraten. Die Zwiebeln aus dem Öl nehmen, sie werden in der Lyutenitsa nicht verwendet! Das aromatisierte Öl zum köchelnden Gemüse geben und mit Salz und Zucker würzen. Kochen, bis die Flüssigkeit verdampft ist. Abkühlen lassen und mit frisch gehackter Petersilie bestreuen.

| **Tipp** |

Wenn Sie es scharf mögen, können Sie Chilischoten hinzufügen. Die Chilis werden dann zusammen mit der Paprika zubereitet.

| SALATA DE UNTIȘOR |

| MCHADI |

SALATA DE UNTISOR (RO, MD)

SCHARBOCKSKRAUT-SALAT

Zutaten

Für 4–6 Portionen
100–200 g Scharbockskraut
Salz
2 EL Olivenöl, nach Belieben
2 EL Essig, nach Belieben

Zubereitung

Die Scharbockskrautblätter 10 Minuten in eine Schüssel mit eiskaltem Wasser und 2 Esslöffeln Salz legen. Das salzige Wasser löst den Schmutz und die Insekten oder ihre Eier. Das Scharbockskraut anschließend in ein Sieb geben, waschen und die Blätter abzupfen.

Das Kraut nach Belieben anrichten: mit einem reichhaltigen Essig, nur mit Olivenöl und Salz oder pur – die Frische des Krauts ist ganz erstaunlich.

> Einer meiner Lieblingssalate, seine Zubereitung ist so etwas wie ein Übergangsritual in den Frühling. Das Scharbockskraut ist nicht auf Märkten erhältlich, es wächst wild in jedem Wald oder Park an schattigen Plätzen unter den Bäumen. Die Blätter sind süß, fleischig und saftig, voll Vitamin C, und im zeitigen Frühjahr 2–3 Wochen lang essbar, wenn die Blätter noch nicht die kleinen Haare auf ihrem Rücken entwickelt haben und bevor die niedlichen, knopfgelben Blüten überall auf den Feldern zu sehen sind. Wenn Sie also gerade einen Spaziergang machen, pflücken Sie doch einmal genügend für einen Salat.

MCHADI (GE)

GEORGISCHES MAISBROT

Zutaten
Für 6 Portionen
400 g weißes Maismehl
Salz
100 ml Öl

Zubereitung
Das Maismehl nach und nach mit 200–250 ml lauwarmem Wasser und ¼ Teelöffel Salz vermischen. 10–20 Minuten quellen lassen, dann zu einem Teig kneten.

In der Handfläche runde Fladen formen. Die Fladen bei mittlerer Hitze in einer flachen Pfanne mit etwas Öl ausbacken. Das Innere soll weich und die Kruste goldgelb sein.

> Bei diesem Rezept vorsichtig nach und nach Wasser zugeben, bis ein weicher, aber nicht klebriger Teig entsteht. Ein zu trockener Teig ergibt ein sehr hartes, trockenes Brot, ein zu weicher Teig wird nach dem Backen auseinanderbrechen.

SOCATA FERMENTATA (RO)
FERMENTIERTES HOLUNDERBLÜTEN-GETRÄNK

Zutaten
Für 4 Portionen
20 Stauden Holunderblüten
500 g Zucker
100 ml Zitronensaft
1 Zitrone

Zubereitung
Mit einer Schere die Blüten von den grünen Stängeln lösen und in eiskaltem Wasser gründlich, aber vorsichtig waschen.

5 Liter Wasser mit dem Zucker und dem Zitronensaft mischen. Die Zitrone heiß waschen, anschließend in Scheiben schneiden und die Scheiben in 5 Milchflaschen mit breiter Öffnung geben. Die Holunderblüten auf die Flaschen verteilen, anschließend mit dem Zucker-Zitronen-Wasser aufgießen.

Die Flaschen zur Gärung mit einem Tuch abdecken oder die Deckel auflegen, aber nicht verschrauben. Die Flaschen dann an einen sonnigen, hellen Ort stellen und dort ruhen lassen.

Einmal pro Tag die Flaschen fest verschließen und schütteln. Nach 2 Tagen beginnt die Gärung, dann kann das Getränk durch ein feines Sieb gefiltert und anschließend wieder in Flaschen abgefüllt werden. Mit verschlossenem Deckel im Kühlschrank aufbewahren und kühl genießen.

> Für dieses köstliche Getränk war ich rund um den Habermannsee auf der Suche nach herrlich duftenden Holunderblüten. Ich habe nur gefüllte Blüten in einem frühen Stadium der Blüte gepflückt.

| **Achtung** |

Die Gärung geht in der Flasche weiter! Durch das beim Gärprozess freigesetzte CO_2 entsteht Druck. Seien Sie also sehr vorsichtig beim Öffnen einer Flasche. Es ist auch wichtig zu wissen, dass der Zuckergehalt sinkt und der Alkohol- und Gasgehalt steigt, je länger der Gärungsprozess andauert.

CIORBA DE VERDETURI (RO)
SAURE FRÜHLINGSKRÄUTERSUPPE

Zutaten

Für 4 Portionen

4 mittelgroße Möhren
4 mittelgroße Kartoffeln, festkochend
2 Selleriestangen
2 mittelgroße Zwiebeln
4 Bund Bärlauch
4 Bund Sauerampfer
4 Bund roter spanischer Spinat (Gartenmelde)
80–100 ml Rapsöl
40 g Salz
1 TL schwarze Pfefferkörner
750 ml Brottrunk
1 Bund Liebstöckel

Zubereitung

Möhren und Kartoffeln schälen und in Würfel schneiden, ebenso die Selleriestangen und Zwiebeln. Alle blättrigen Zutaten waschen, putzen und in große Stücke schneiden.

Zwiebeln, Möhren und Selleriewürfel in einen großen Topf (5 Liter oder mehr) geben, mit Salz und Pfeffer würzen und bei mittlerer Hitze im Öl dünsten, bis die Zwiebeln glasig sind, dann die blättrigen Zutaten hinzufügen und weich garen.

Mit 3 Litern Wasser ablöschen, die Kartoffelwürfel hinzufügen und zum Kochen bringen. Kochen, bis die Möhren und Kartoffeln weich sind. Währenddessen den Schaum von der Oberfläche des Wassers entfernen. Ggf. mit etwas Salz abschmecken, dann den Brottrunk hinzufügen und erneut zum Kochen bringen.

Vor dem Servieren den Liebstöckel fein hacken und über die heiße, dampfende Suppe streuen.

| Tipp |

Der rote spanische Spinat ist nicht weit verbreitet, kann aber in Ihrem Balkongarten angebaut werden. Er verleiht der Suppe eine schöne rote Farbe und auch einen besonderen Geschmack. Sie können ihn aber auch durch Baby-Spinat ersetzen.
Der Brottrunk kann je nach Geschmack durch Sauerkraut- oder Zitronensaft ersetzt werden.

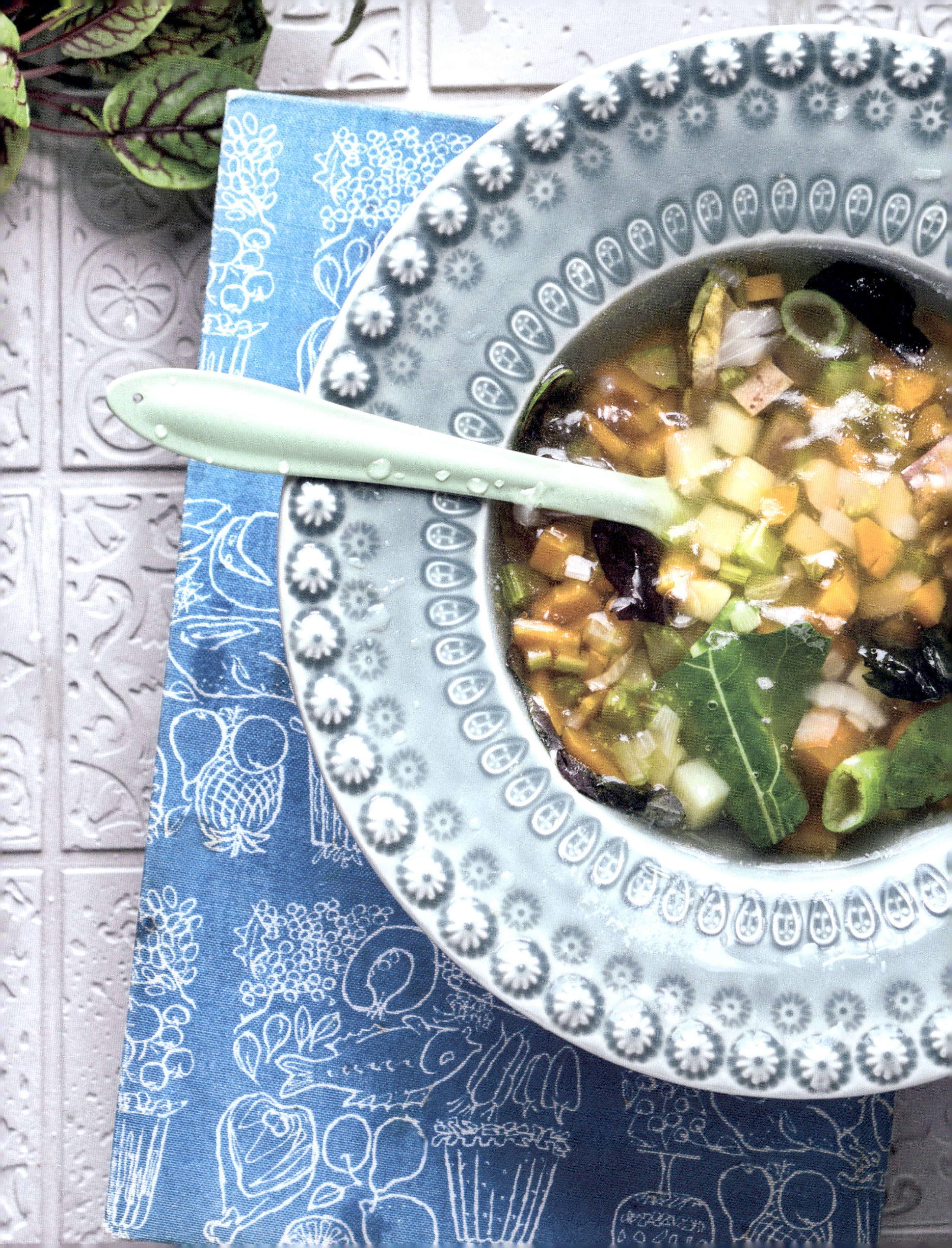

| SALATA DE CARTOFI NOI |

| HUTSUL VARYA |

SALATA DE CARTOFI NOI (RO)

FRÜHKARTOFFELN MIT BÄRLAUCH UND DILL

Zutaten

Für 4 Portionen
1 kg Frühkartoffeln
Salz
150 ml Sonnenblumenöl
edelsüße Paprika,
 nach Belieben
schwarzer Pfeffer,
 nach Belieben
2 Bund Bärlauch
1 Bund Dill

Zubereitung

Die Kartoffeln waschen, dann in Salzwasser kochen. Abgießen und mit Öl, Salz, Paprika und Pfeffer mischen. In eine Ofenpfanne geben und bei 180 °C (Ober-/Unterhitze) im Ofen backen, bis die Kartoffeln etwas Röstung bekommen.

Die Bärlauchblätter waschen, abschütteln und wie eine Zigarre rollen, dann in sehr feine Streifen schneiden. Die Dill-Spitzen abzupfen und mit etwas Öl und Salz mischen. In einer großen Schüssel über die Röstkartoffeln geben und dampfend heiß servieren.

HUTSUL VARYA (UA)

ROTE-BETE-SALAT

Zutaten

Für 4 Portionen

300 g trockene weiße Bohnen, alternativ 1 Dose weiße Bohnen (800 g)
2 EL Natron
3 kleine Rote Bete
Salz
300 g geräucherte getrocknete Pflaumen
2 Schalotten
Pfeffer, nach Belieben
100 ml Sonnenblumenöl

Zubereitung

Die trockenen Bohnen 12 Stunden lang in viel kaltem Wasser mit 1 Esslöffel Natron einweichen.

Die Rote Bete gut waschen, dann in Spalten schneiden. Auf ein mit Backpapier ausgelegtes Backblech legen und 30–40 Minuten bei 180 °C (Ober-/Unterhitze) im Ofen garen. Garprobe: Ohne festen Widerstand sollte ein Messer sie durchstechen können.

Nach dem Garen die Rote Bete abkühlen lassen und mit dem Daumen leicht über die Oberfläche reibend schälen. Je nach Geschmack in Würfel, Streifen, Scheiben oder Keile schneiden.

Das Wasser der Bohnen wechseln und mit Salz und 1 Esslöffel Natron kochen. Verwenden Sie einen großen Topf, damit das Wasser beim Kochen nicht überläuft. Entfernen Sie den Schaum an der Wasseroberfläche so oft wie möglich. Kochen, bis die Bohnen weich sind.

Die Pflaumen in Streifen schneiden. Die Schalotten schälen und in feine Ringe schneiden. Danach ist alles ganz einfach, denn wir mischen einfach alle Zutaten zusammen, würzen und genießen den Salat.

MUCENICI MUNTENESTI (RO)

NUDELN IN SÜSSER GEWÜRZSUPPE

Zutaten

Für 4 Portionen

Für die Nudeln:
400 g Dinkelmehl
100 g Dinkelgrieß
70 ml Rapsöl
Salz

Für die Suppe:
2 Zimtstangen
Salz
400 g Zucker
Schale von 2 Orangen oder Zitronen
1 EL Vanille-Extrakt
200 g Walnusskerne
Zimtpulver zum Servieren

Zubereitung

Für die Nudeln Mehl, Grieß, 250 ml Wasser, Öl und ½ Teelöffel Salz mischen und kneten, bis ein elastischer und homogener Teig entsteht. Den Teig in zwei Teile teilen, zu Kugeln formen und 30 Minuten ruhen lassen. Anschließend den Teig 2–3 mm dick ausrollen und in 3–4 cm lange Streifen schneiden. Die entstandenen Streifen jeweils zu Brezeln formen. Anschließend auf einem Blech ausbreiten und über Nacht trocknen lassen.

Die Nudeln in 3 Litern Wasser mit den Zimtstangen und 1 Prise Salz kochen, bis sie gar sind (5–6 Minuten). Dieses Wasser später für die Suppe verwenden. Die Nudeln abschöpfen und mit kaltem Wasser abspülen, dann zurück in das Nudelwasser geben.

Die übrigen Zutaten zu den Nudeln ins Suppenwasser geben und auf kleiner Flamme köcheln lassen, bis die Flüssigkeit um 30 % reduziert ist. Die Suppe heiß oder kalt mit Zimt bestreut servieren.

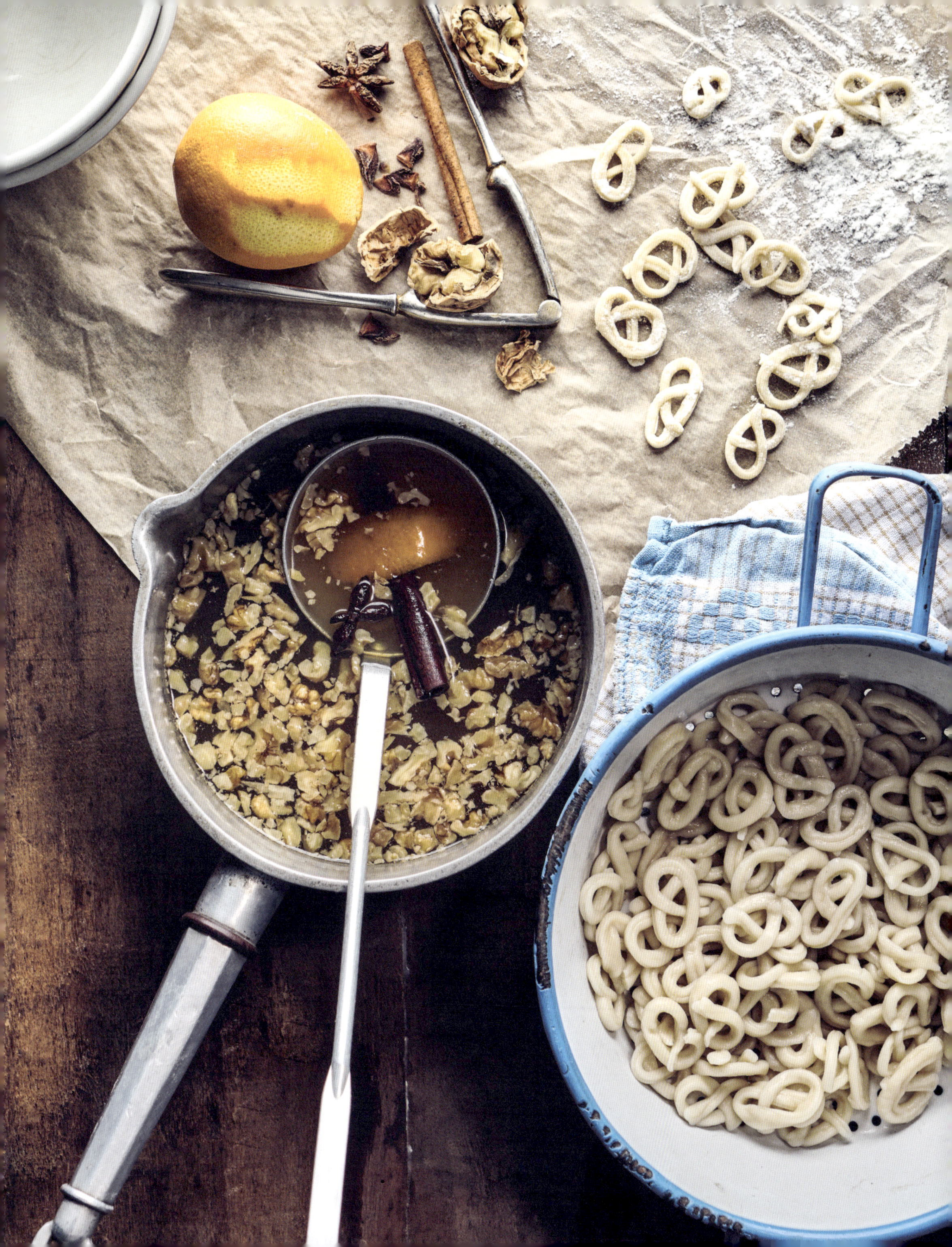

SARMALE IN FOI DE VITA (RO, BG)

WEINBLATT-RÖLLCHEN GEFÜLLT MIT BUCHWEIZEN UND GEMÜSE

Zutaten

Für 4–6 Portionen

700 g Weinblätter in Salzlake
2 mittelgroße Zwiebeln
2 Möhren
1 Bund Stangensellerie
80 ml Rapsöl
400 g Buchweizen
80 g Tomatenmark
100 g Paprikapaste
1 Bund Frühlingszwiebeln
100 g getrocknete Tomaten
20 g Salz
Pfeffer

Zubereitung

Die Weinblätter in einer Schüssel mit kaltem Wasser 15 Minuten lang entsalzen. In der Zwischenzeit die Zwiebeln und Möhren schälen und in kleine Würfel schneiden, ebenso den Stangensellerie.

In einer Pfanne das Öl erhitzen und das Gemüse bei mittlerer Hitze anbraten, bis die Zwiebeln weich und glasig sind. Den Buchweizen hinzugeben und zusammen mit dem Tomatenmark und der Paprikapaste 3–4 Minuten rösten. Beiseitestellen und abkühlen lassen.

Die Frühlingszwiebeln putzen und waschen, anschließend zusammen mit den getrockneten Tomaten hacken. Mit den übrigen Zutaten mischen, salzen und pfeffern.

Die Weinblätter aus dem Wasser nehmen und jedes Blatt mit 1 Teelöffel der Mischung füllen, die Weinblätter dann vom Stiel zur Spitze hin aufrollen und die Seiten zusammenklappen, dann die Blätter in eine Auflaufform legen. 1 Esslöffel Tomatenmark in einer Tasse Wasser auflösen und über die Röllchen gießen, bis sie zu 90 % mit Flüssigkeit bedeckt sind. Etwa 30 Minuten bei 180 °C (Ober-/Unterhitze) im Ofen garen, gegebenenfalls Wasser nachgießen.

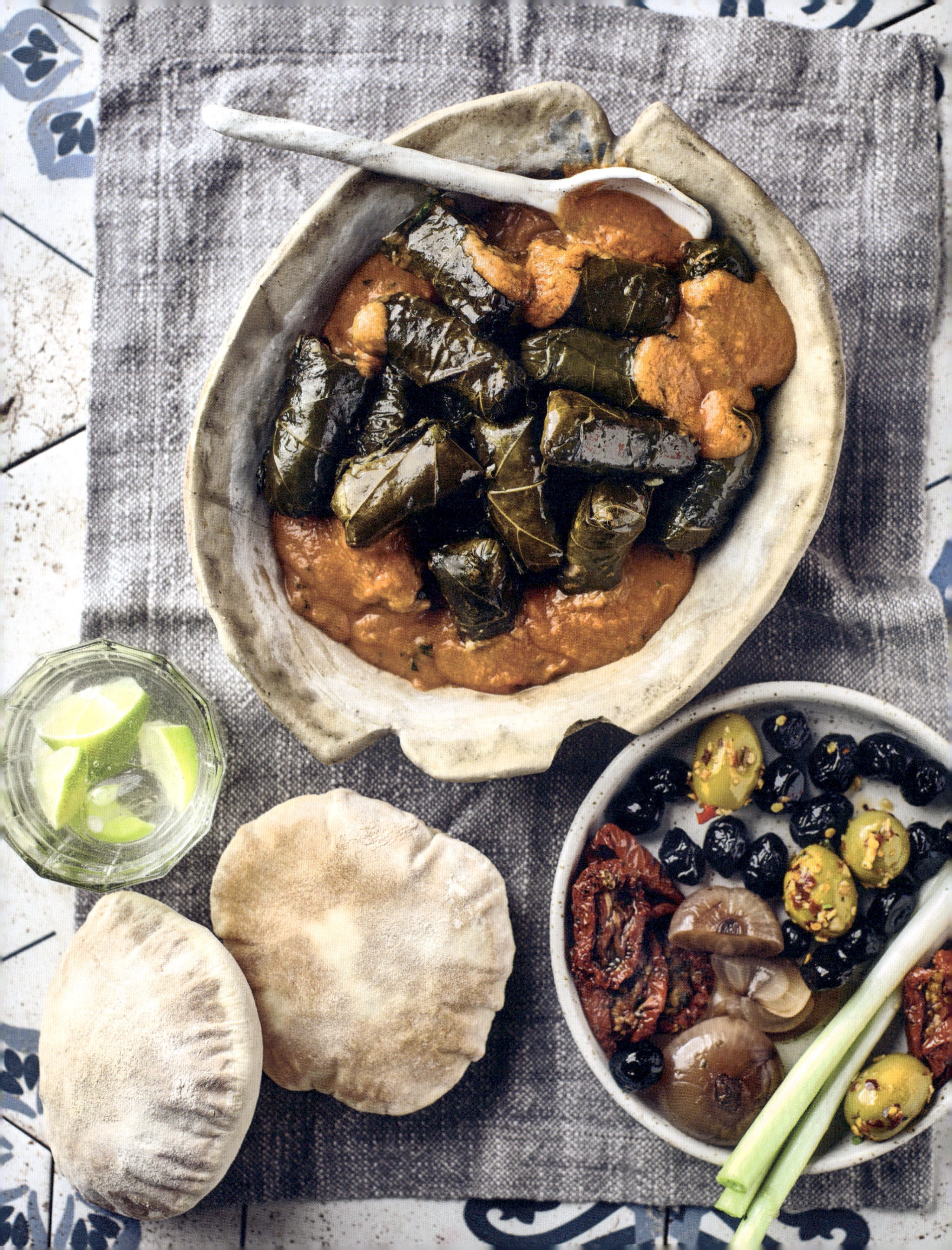

GULII CU CIUPERCI (RO)

KOHLRABI GEFÜLLT MIT PILZEN

Zutaten

Für 6 Portionen

2 Zwiebeln
2 Knoblauchzehen
750 g Pilzmischung
 (Champignons, Austernpilzen, Kräuter-Seitlinge)
100–250 ml Rapsöl
Salz
Pfeffer
6–7 Zweige Thymian
200 g Buchweizen
50 g Tomatenmark
6 Kohlrabi
2 Tomaten
6–7 Zweige Petersilie
100 g Walnusskerne
250 g Cherrytomaten
100 ml Olivenöl

Zubereitung

Zunächst die Zwiebeln und den Knoblauch schälen und fein hacken. Die Pilze putzen und grob würfeln, dann gemeinsam in einer Pfanne mit Öl, Salz, Pfeffer und gehacktem Thymian bei mittlerer Hitze anschwitzen. Die Pilze geben während des Kochens viel Flüssigkeit ab. Versuchen Sie, die Flüssigkeit von Zeit zu Zeit in eine separate Schüssel abzugießen, die Pilze sollen nicht kochen, sondern im Öl garen. Wenn sie fast gar sind, die Hitze auf die höchste Stufe erhöhen, den Buchweizen und das Tomatenmark hinzugeben und 2–3 Minuten mitrösten, die Pilzmischung dann beiseitestellen und abkühlen lassen.

In der Zwischenzeit die Kohlrabi oben abschneiden, die holzigen Teile am Boden entfernen und das Innere aushöhlen.

In einer großen Schüssel die Pilzmischung mit der Flüssigkeit aus den Pilzen, den geriebenen Tomaten, der gehackten Petersilie und den gehackten Walnüssen mischen. Gegebenenfalls mit Salz und Pfeffer würzen.

Die Kohlrabi mit der Mischung füllen und in eine Auflaufform setzten. Die Kirschtomaten halbieren und mit etwas Thymian in die Form geben. Geben Sie ein Glas Wasser und ein halbes Glas Olivenöl dazu. Im Backofen bei 180 °C (Ober-/Unterhitze) 30 Minuten backen, dann heiß und mit frisch gehackter Petersilie servieren.

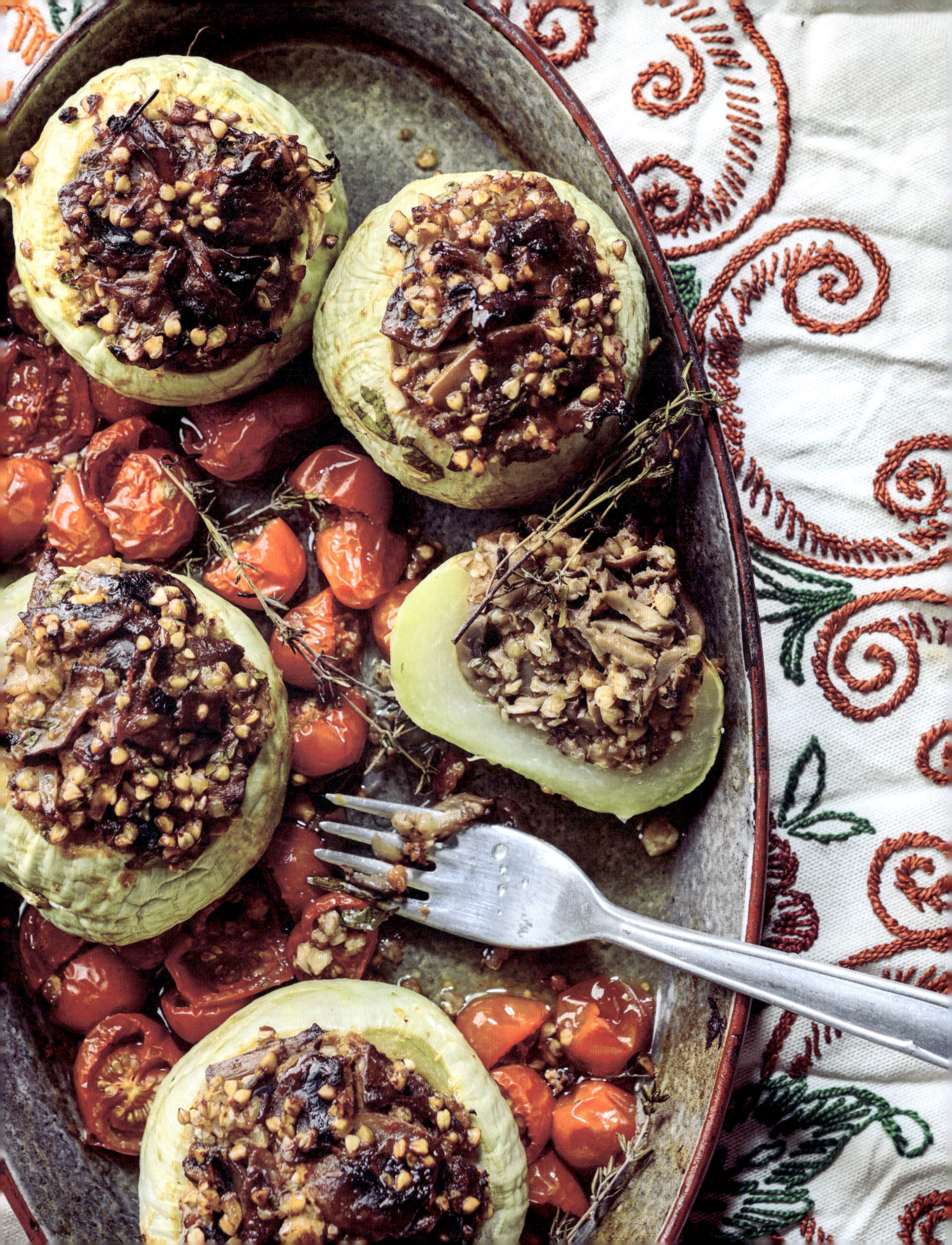

SKORDALIA BÄRLAUCH (GR)

DIP AUS KARTOFFELN MIT KNOBLAUCH UND BÄRLAUCH

Zutaten

Für 8 Portionen

5–6 mittelgroße Kartoffeln, mehligkochend
5–7 Knoblauchzehen, nach Belieben
1 EL Zitronensaft
Salz
100 g Bärlauch
½ Tasse Olivenöl

Zubereitung

Die Kartoffeln ggf. waschen, dann schälen, in Stücke schneiden und in einen großen Topf geben, mit kaltem Wasser bedecken, salzen und zum Kochen bringen. Die Kartoffeln müssen kochen, bis sie sehr weich sind. Eine halbe Tasse des Kochwassers auffangen, dann die Kartoffeln in einem Sieb abtropfen lassen.

In einer Küchenmaschine das Kartoffelwasser, den Knoblauch, den Zitronensaft und 1 Teelöffel Salz pürieren. Mit einer Kartoffelpresse alle Kartoffeln zerdrücken. Den Bärlauch grob in Stücke schneiden. Kartoffeln, Bärlauch und Knoblauchpüree in eine große Schüssel geben und das Olivenöl nach und nach einrühren – wie bei der Herstellung von Mayonnaise. So lange mixen, bis das Öl eingearbeitet und die Mischung glatt und cremig ist.

Servieren Sie die Skordalia als köstlichen Dip als Beilage zu geröstetem Brot oder Fladenbrot.

| Tipp |

Wenn Sie Ihre Skordalia mit einem milden Knoblauchgeschmack mögen, können Sie den geschälten Knoblauch vor der Verwendung etwa 5 Minuten in etwas Olivenöl kochen.
Es ist wichtig, dass die Kartoffeln heiß sind. Wenn sie kalt sind, lassen sich die Zutaten nur schwer miteinander verbinden und die Skordalia wird klumpig.

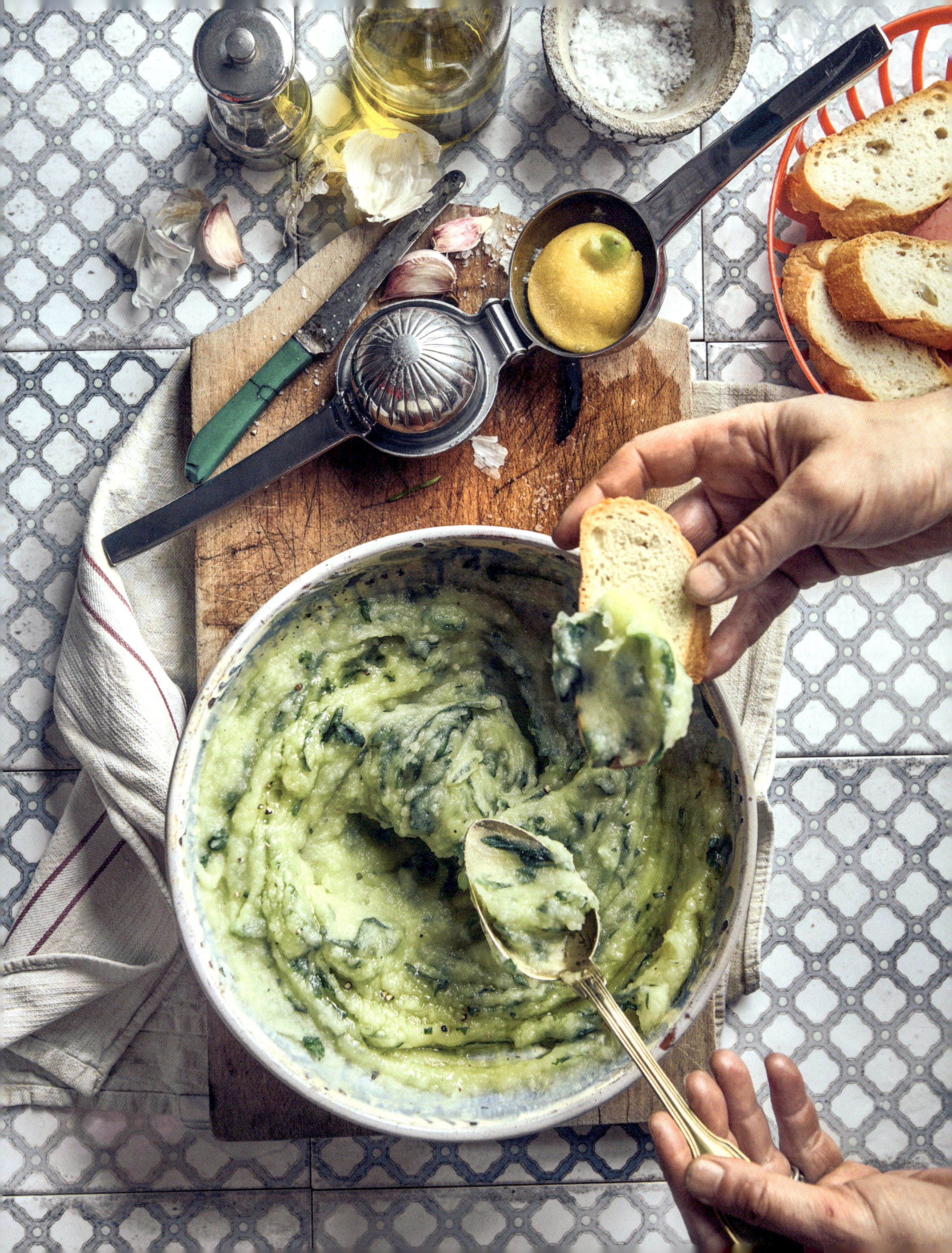

| HERKULESKOTELETT |

TOPINAMBUR CU SOS DE LEURDA

HERKULESKOTELETT (GE)
GEBRATENE HAFERFLOCKENPLÄTZCHEN

Zutaten
Für 12 Portionen
350 g Großblatt-Haferflocken
3 Zwiebeln
Salz
schwarzer Pfeffer
frischer Koriander
frische Petersilie
etwas Öl zum Braten

Zubereitung
Die Haferflocken in eine große Schüssel geben und mit 250 ml kochendem Wasser übergießen. Rühren, bis die Haferflocken vollständig eingeweicht sind, dann beiseitestellen und abkühlen lassen.

Die Kräuter waschen, abschütteln, die Zwiebel schälen und alles fein hacken. Nach dem Abkühlen Kräuter, Zwiebel, Salz und Pfeffer zu den Haferflocken hinzufügen.

Die Mischung mit der Hand zu flachen, runden Küchlein formen und in heißem Öl in einer Pfanne ausbacken. Als Beilage zu Dips oder Vorspeisen servieren.

TOPINAMBUR (MD)

TOPINAMBUR MIT BÄRLAUCHPESTO

Zutaten
Für 4 Portionen
500 g Topinambur
Salz
schwarzer Pfeffer
2 Bund Bärlauch
Saft 1 Zitrone
100 g Sonnenblumenkerne, leicht geröstet
200 ml Sonnenblumenöl

Zubereitung
Waschen Sie den Topinambur mit einer Bürste gut ab und entfernen Sie die Erde. Die Knollen können auch mit einem Schälmesser von ihrer Haut befreit werden, ich bevorzuge sie aber mit Haut.

Schneiden Sie den Topinambur in Keile. In einer Pfanne mit etwas Öl langsam anbraten, bis sie gegart sind und eine schöne goldbraune Farbe bekommen. Würzen Sie sie mit Salz und Pfeffer.

Den Bärlauch waschen und putzen, zusammen mit den Sonnenblumenkernen, dem Zitronensaft und 100 ml Öl in einen Mixer geben und pürieren, bis ein leuchtend grünes Pesto entsteht.

Das Pesto über den heißen Topinambur geben und mit etwas fein gehacktem Bärlauch als Dekoration servieren.

SHIRDOV SINI SARMA (AM)

GEBACKENE WEINBLÄTTER MIT REIS

Zutaten

Für 4 Portionen

- 30–40 Weinblätter, eingelegt
- 1 große Zwiebel
- 200 ml Rapsöl
- 250 g Milchreis
- 250 ml trockener Weißwein
- 500 g passierte Tomaten
- 1 Tasse ungesalzene Pistazienkerne (alternativ Walnuss- oder Pinienkerne)
- 100 g getrocknete Sultaninen oder Cranberries
- 100 g getrocknete Aprikosen
- 1 Bund Blattpetersilie
- ½ Tasse frische Minze
- Salz, schwarzer Pfeffer, süßes Paprikapulver und Cayennepfeffer zum Würzen
- 100 ml Olivenöl
- 500 g veganer Joghurt, natur
- 20 ml Zitronensaft
- 1 TL Sumak

Zubereitung

Entfalten Sie die Weinblätter ohne sie zu beschädigen. 15 Minuten in eine Schüssel mit kaltem Wasser legen, um das Salz aus den Blättern zu entfernen. Das Wasser je nach Salzkonzentration 2–3-mal auffrischen.

Für die Füllung die Zwiebel schälen, fein würfeln und bei mittlerer Hitze im Öl anbraten. Wenn die Zwiebeln glasig sind, den Reis dazugeben und unterrühren, bis der Reis mit Öl bedeckt ist. Die Hitze erhöhen und mit dem Weißwein ablöschen. Bei starker Hitze kochen, bis der Alkohol verdampft ist. 250 ml Wasser und die Hälfte der Tomaten hinzufügen und zum Kochen bringen. Das Kochen unterbrechen und die Flüssigkeit 10 Minuten abkühlen lassen. Dann den Rest der Tomaten, Pistazien, Sultaninen und Aprikosen sowie die fein gehackten Kräuter dazugeben und vermengen. Die Mischung mit den Gewürzen abschmecken. Sie ist zu diesem Zeitpunkt noch etwas wässrig, wird aber beim Kochen Flüssigkeit verlieren.

Schichten Sie in eine Auflaufform zunächst als unterste Lage einige Weinblätter und geben Sie etwas von der Mischung darauf. Fahren Sie in dieser Machart fort, je nachdem, wie groß die Form ist, wie viele Blätter Sie haben und natürlich, wie viel Zeit Sie aufwenden wollen. Die letzte Schicht sollte auf jeden Fall eine Lage Weinblätter sein.

Den Ofen auf 180 °C (Ober-/Unterhitze) vorheizen und den Auflauf 35–40 Minuten backen. Von Zeit zu Zeit die Oberfläche mit Olivenöl bestreichen. Den veganen Joghurt mit etwas Olivenöl, Zitronensaft und Salz verrühren und etwas Sumak darübergeben.

Die gebackenen Weinblätter heiß oder kalt zusammen mit dem veganen Joghurt servieren.

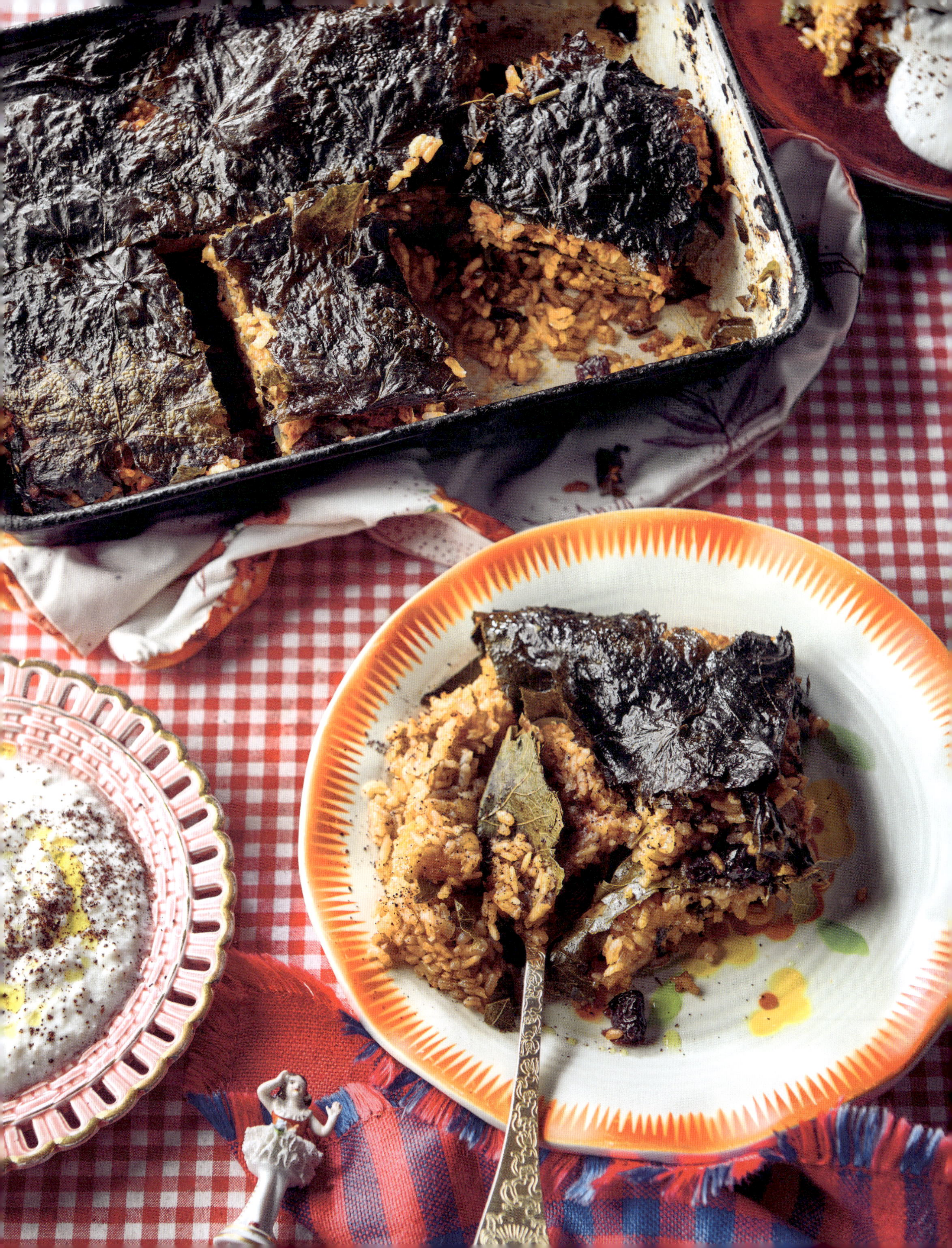

| AVELUK APUR |

| CHINCHRIT SAVSE KHINKALI |

AVELUK APUR (AM)

SAUERAMPFERSUPPE MIT LAUCH UND ERBSEN

Zutaten

Für 4 Portionen
2 Stangen Lauch
Rapsöl
2 Knoblauchzehen
2 l Gemüsebrühe
2 Kartoffeln, mehligkochend
500 g Erbsen
200 g Sauerampfer
Salz
schwarzer Pfeffer
50 ml Zitronensaft
100 g Pinienkerne
glatte Petersilie

Zubereitung

Vom Lauch nur die weißen und hellgrünen Teile in mittelgroße Würfel schneiden, dann in etwas Öl anbraten, bis er weich zu werden beginnt. Den Knoblauch schälen, fein hacken und hinzufügen, weitere 2–3 Minuten braten.

Die Gemüsebrühe und die gewürfelten Kartoffeln hinzufügen und zum Kochen bringen. Köcheln lassen, bis die Kartoffeln gar sind, dann die Erbsen und den grob zerkleinerten Sauerampfer hinzufügen. 5 Minuten kochen lassen. Dann alles mit einem Stab-Mixer pürieren.

Mit Salz, Pfeffer und Zitronensaft abschmecken. Wenn die Suppe zu dick ist, ein Glas Wasser zugeben. Erneut aufkochen. Heiß mit gerösteten Pinienkernen, etwas gehackter Petersilie und einem Spritzer frischem Zitronensaft servieren.

KHINKALI (GE)

MIT BRENNNESSELN GEFÜLLTE KHINKALI

Zutaten

Für 4 Portionen
Für den Teig:
500 g Weizenmehl (Type 550)
Salz

Für die Füllung:
1 kg Brennnesseln
Salz
2 Zwiebel
3 Knoblauchzehen
Rapsöl
100 g Maismehl
schwarzer Pfeffer
1 Prise Muskatnuss

Zubereitung

Für den Teig Mehl, 1 Teelöffel Salz und 250 ml Wasser in einer großen Schüssel mischen und zu einem elastischen Teig kneten, der nicht an der Hand klebt. Den Teig auf einer mit Mehl bestäubten Fläche ausbreiten und 5 Minuten ruhen lassen. Anschließend den Teig gleichmäßig flach drücken und mit einem Patisserie-Ring ausstechen, bis der gesamte Teig portioniert ist. Dann mit einem Nudelholz zu 2–3 mm dicken Kreisen ausrollen und mit Mehl bestäuben, damit sie nicht aneinander kleben.

Für die Füllung die Brennnesseln wie in den vorherigen Rezepten beschrieben reinigen. Einen großen Topf mit Wasser zum Kochen bringen und mit 35 g pro Liter salzen. Die Brennnesseln 3–4 Minuten lang kochen und dann in einem Sieb abkühlen lassen.

Die Brennnesseln auf einem Holzbrett so fein wie möglich hacken und in eine Schüssel geben. Zwiebeln und Knoblauch schälen, fein hacken und in etwas Öl andünsten. Mit den Brennnesseln und dem Maismehl mischen und mit Salz, Pfeffer und Muskatnuss abschmecken.

Nehmen Sie einen Teigkreis und geben Sie einen gehäuften Esslöffel der Mischung in die Mitte. Mit Daumen und Zeigefinger eine Zieharmonika-artige Falte um die Außenseite machen. Mit etwas Übung wird es einfacher! 19 Falten gelten als ideal. Den Knödel zwischen Finger und Daumen rollen und den überflüssigen Teig abzwicken. Legen Sie jedes Khinkali auf ein mit Mehl bestäubtes Brett oder eine Arbeitsfläche.

Lassen Sie die Knödel vorsichtig in einen tiefen Topf mit kochendem Salzwasser gleiten, etwa 8–10 auf einmal (je nach Größe des Topfes). 12–14 Minuten kochen lassen. Wenn der Teig richtig zubereitet wurde, platzen die Knödel nicht.

BORS DE URZICI (MD)
SAURE BRENNNESSELSUPPE NACH KLOSTERART

Zutaten
Für 6 Portionen
500 g Brennnesseln
Salz
2 Zwiebeln
1–2 Möhren
1–2 Pastinaken
100 ml Rapsöl
6 Kartoffeln
1 TL schwarzer Pfeffer
½ l Sauerkrautsaft
2 Frühlingszwiebeln

Zubereitung
Reinigen Sie die Brennnesseln in kaltem Salzwasser und entfernen Sie dabei alle Gräser, Blätter und Schmutz. Bringen Sie 4 Liter Wasser mit 2 Esslöffeln Salz zum Kochen und tauchen Sie die Brennnesseln 2 Minuten hinein. Dann abgießen und abkühlen lassen.

Schälen und würfeln Sie die Zwiebeln, die Möhren und die Pastinaken. Verwenden Sie einen 5–6-Liter großen Topf und braten Sie die Zwiebeln, Möhren und Pastinaken in etwas Öl anbraten. So erhält die Suppe mehr Geschmack vom Gemüse.

Wenn die Zwiebeln glasig sind, fügen Sie 3 Liter Wasser und die gewürfelten Kartoffeln hinzu. Kochen Sie die Suppe, bis das Gemüse weich ist. Fügen Sie die Brennnesseln und den Sauerkrautsaft hinzu und lassen Sie die Suppe weitere 10 Minuten köcheln. Die Suppe heiß servieren, mit einigen Frühlingszwiebel-Ringen dekorieren und Brot als Beilage verfeinern.

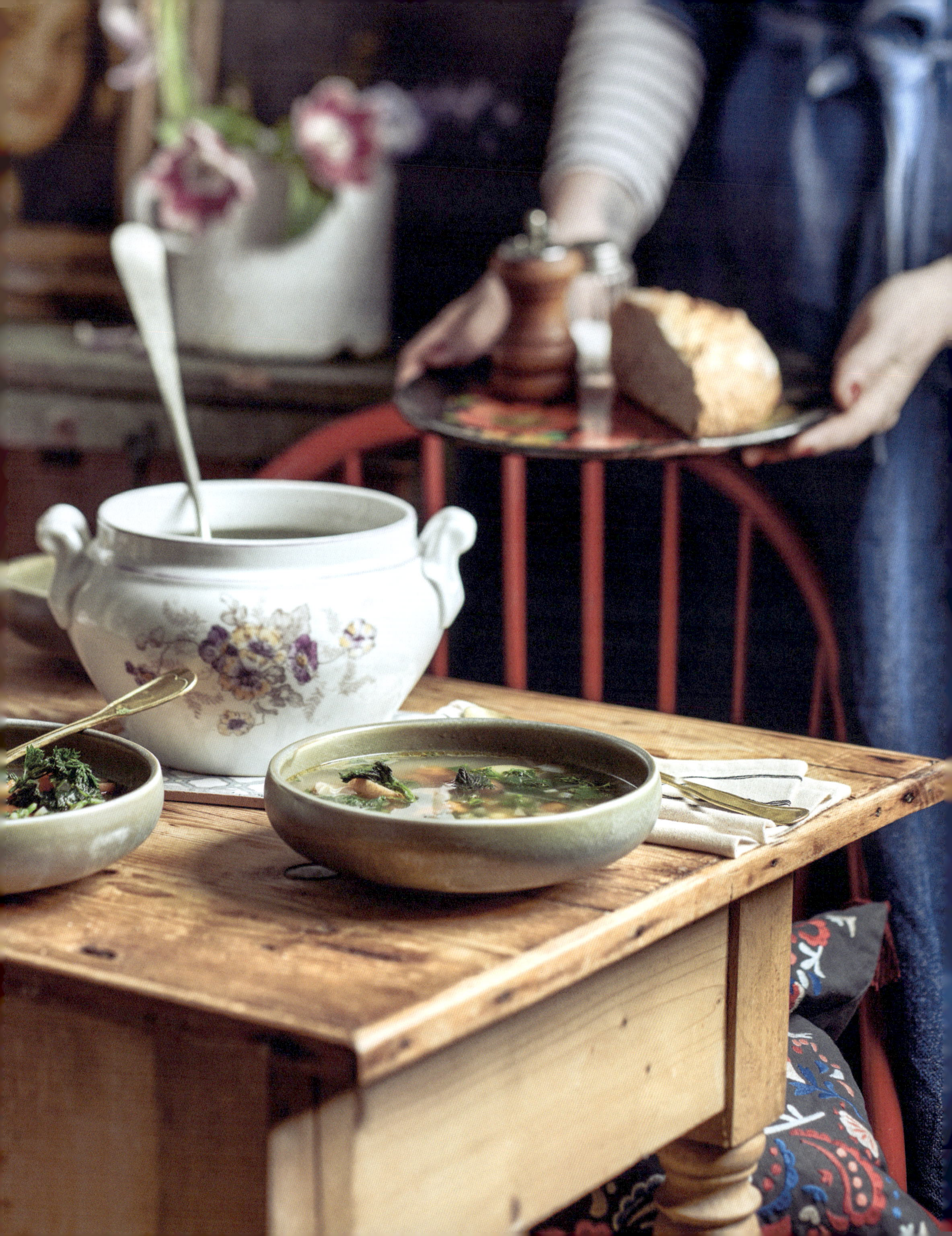

SALATA DE VERDETURI (RO, MD)
PIKANTER FRÜHLINGSSALAT

Zutaten

Für 6–8 Portionen
2 Bund Bärlauch
2 Bund Frühlingszwiebeln
2 Bund Radieschen, mit Grün
2 Bund Rucola
10 Blätter wilder Löwenzahn
50 ml Kürbisöl
100 ml Estragon-Essig
Salz
schwarzer Pfeffer

Zubereitung

Alle Zutaten in kaltem Wasser mit einer Handvoll Salz waschen. Die Salzlake löst alles ab, was Sie nicht auf Ihrem Salat haben möchten, wie Erde, Ästchen, trockene Blätter, Insekten oder deren Eier.

Entfernen Sie die Blätter von den Radieschen und schneiden Sie sie in Achtel. Verwenden Sie die guten Blätter für den Salat.

Schneiden Sie alle anderen Zutaten nach Belieben in kleine oder große Stücke, der Salat wird immer fantastisch schmecken.

In einer großen Schüssel mit Öl, Essig, Salz und Pfeffer anmachen. Sie können immer eine großzügige Handvoll salziger karamellisierter Nüsse dazugeben.

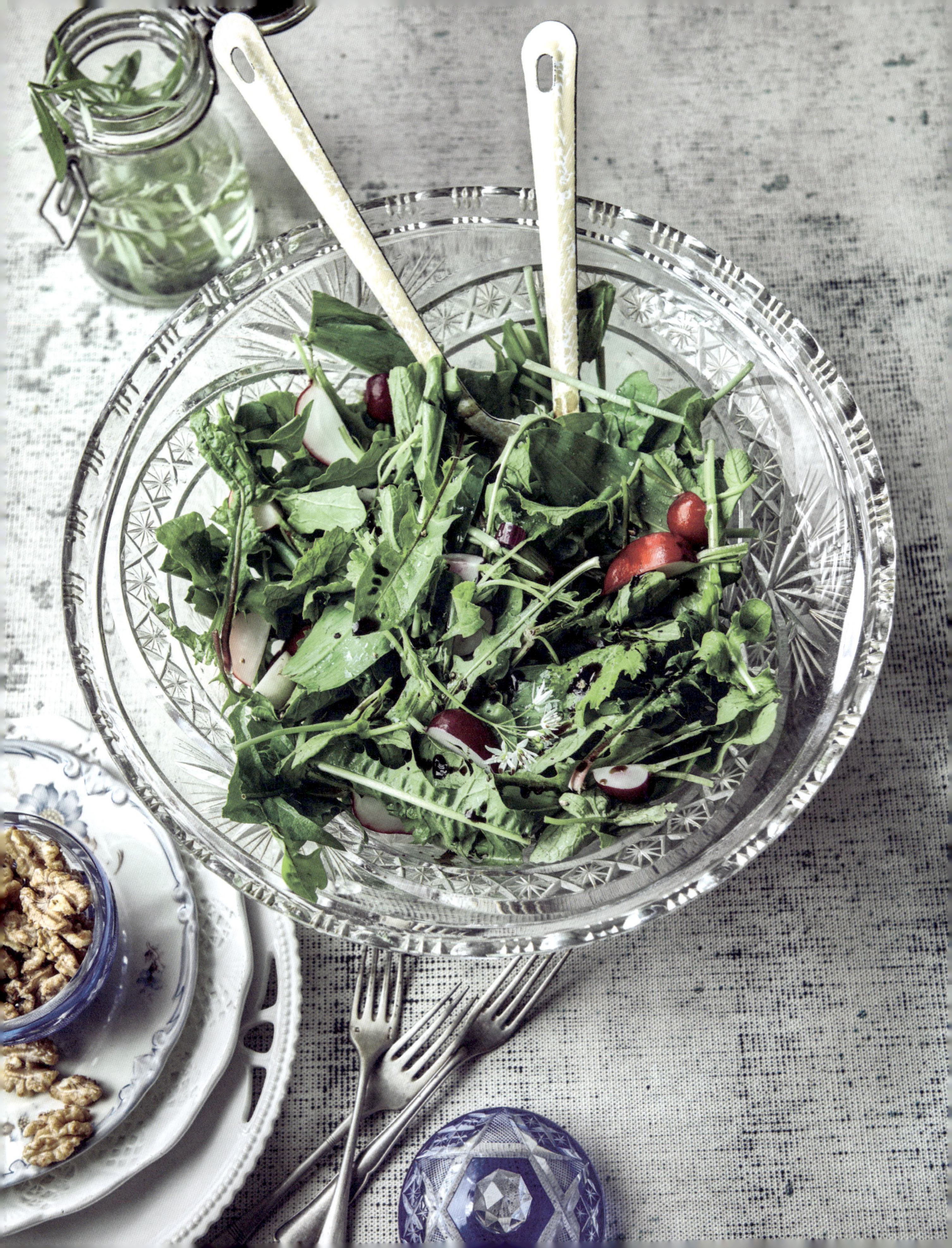

ZELENCHUKOVA SUPA (BG)

ZELENCHUKOVA GEMÜSESUPPE

Zutaten

Für 6–8 Portionen

1–2 Möhren
1–2 Pastinaken
½ Stange Staudensellerie mit Blättern
¼ mittelgroßer Weißkohl
2–3 Kartoffeln
Salz
1 TL schwarzer Pfeffer
1 Bund Bohnenkraut
1 große Zwiebel
1 EL Mehl
1 Bund Petersilie

Zubereitung

Das Gemüse nach Belieben schälen und würfeln. Den Weißkohl in feine Streifen schneiden. In einem Topf mit kaltem Wasser die Möhren, Pastinaken, Kartoffeln, den Sellerie und Kohl mit Salz, Pfeffer und Bohnenkraut zum Kochen bringen.

Die Zwiebel schälen, in Halbringe schneiden und in einer separaten Pfanne anbraten, bis sie leicht goldgelb wird. Dann das Mehl hinzugeben und untermischen. Weitere 4–5 Minuten auf kleiner Flamme dünsten.

Langsam eine Tasse der heißen Suppe über die Mehl-Zwiebeln gießen, dabei ständig rühren. Die Mehl-Mischung dann in die Suppe geben und so lange rühren, bis sie sich vollständig und ohne Klümpchen aufgelöst hat. Leise köcheln lassen, bis das Gemüse gar ist und die Suppe eine sämige Konsistenz annimmt. Mit fein gehackter Petersilie servieren.

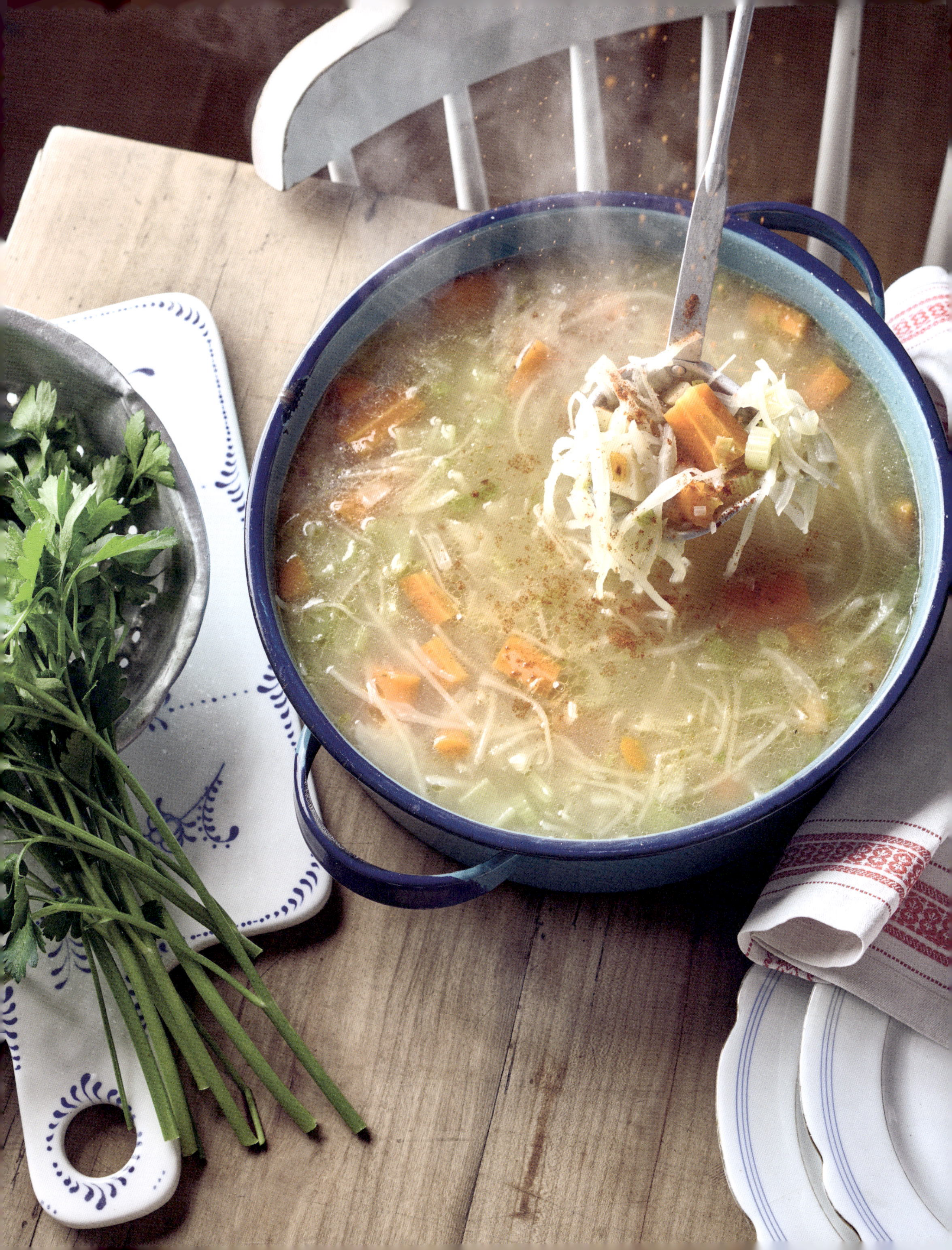

SOMMER

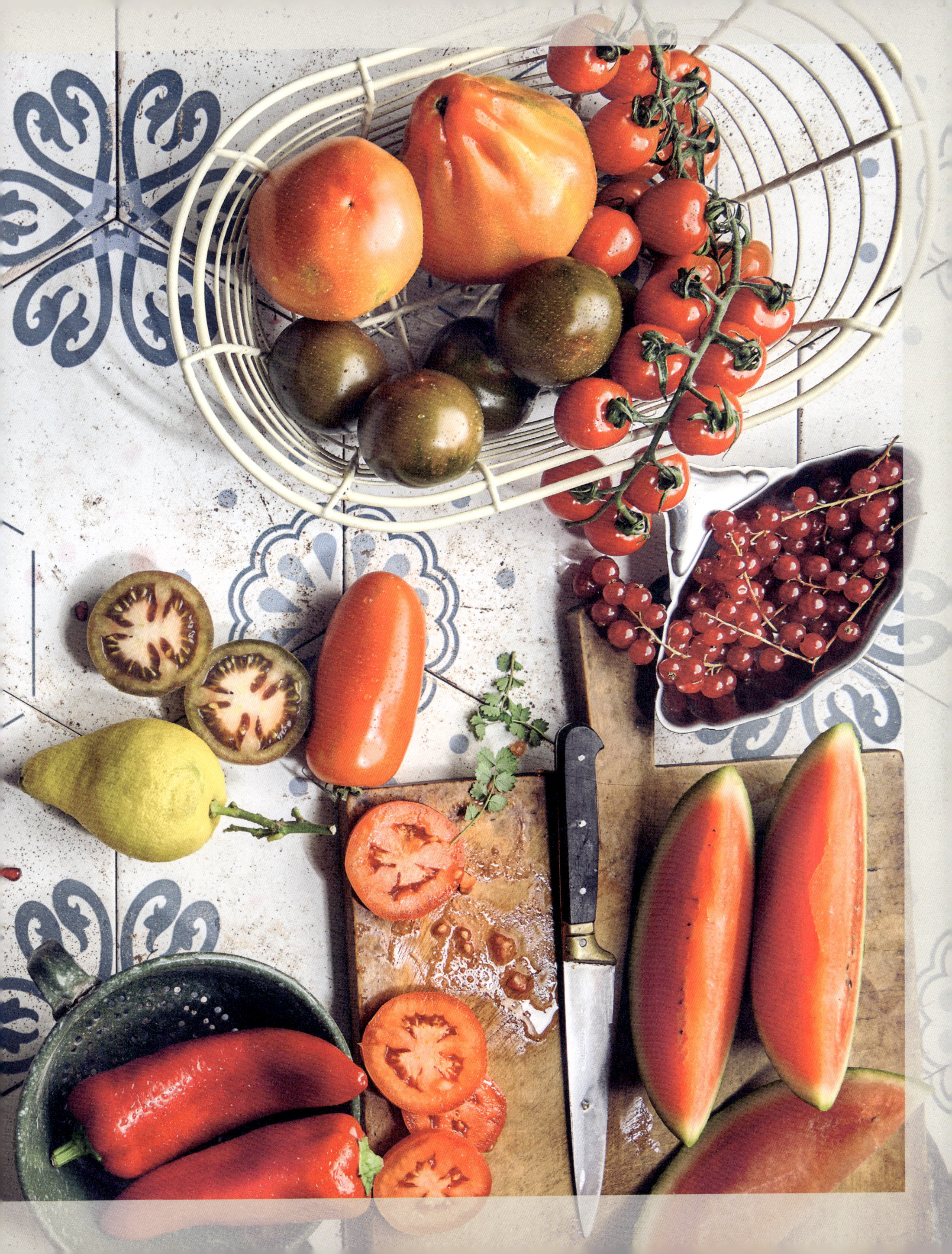

SUPA DE ROSII SI ARDEI (RO)

SÜSS-HERZHAFTE SUPPE MIT GEGRILLTEN TOMATEN UND PAPRIKA

Zutaten

Für 6 Portionen

2 kg rote Paprika
1 kg Zwiebeln
2 kg Tomaten
Knoblauch
5–6 Nelken
2–3 Zweige Thymian
1 TL Kumin
1 TL schwarzer Pfeffer
Salz
Zucker
100 ml Olivenöl

Zubereitung

Die Paprikaschoten entkernen und in große Stücke schneiden. Die Zwiebeln schälen und in Viertel schneiden. Die Tomaten vierteln und den holzigen Kern entfernen. Den Knoblauch schälen. Anschließend sämtliche Zutaten in eine große Auflaufform geben und gut mischen.

Das Gemüse 30 Minuten bei 200 °C (Ober-/Unterhitze) im Ofen rösten. Etwas abkühlen lassen, dann mit einem Mixer alle Zutaten vom Blech 3–4 Minuten pürieren. Anschließend durch ein Sieb streichen, um eine samtige Suppe zu erhalten.

Die Suppe 30 Minuten auf kleiner Flamme köcheln, dabei die Oberfläche vorsichtig abschöpfen. Zum Schluss mit Salz abschmecken und mit frischen Kräutern servieren.

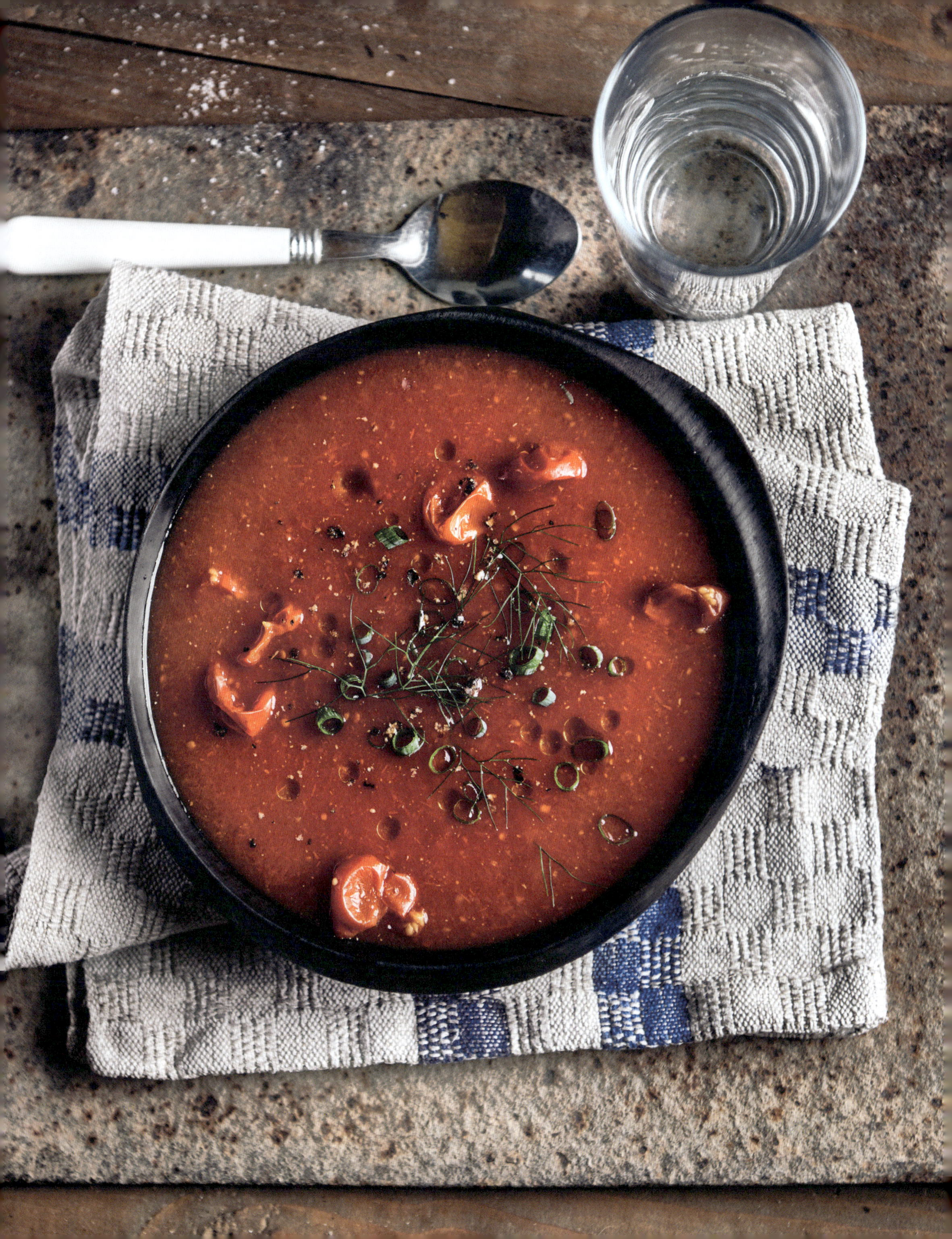

| SALATA DE VINETE |

| AJVAR |

| KIOPOULU |

| BAKLAZANI PO-KHERSONSKI |

SALATA DE VINETE (RO)
AUBERGINEN-SALAT

Zutaten

Für 4–6 Portionen
1 kg Auberginen
150 ml Sonnenblumenöl
50 g Senf, nach Belieben
Saft von 1 Zitrone
Salz

Zubereitung

Am besten grillt man Auberginen auf Holzfeuer, dann bekommen sie einen rauchigen Geschmack und garen am schnellsten. Wenden Sie sie und prüfen Sie, ob der Auberginenhals weich ist. Lassen Sie die Auberginen in einer großen Schüssel, mit einem Küchentuch abgedeckt, abkühlen. Alternativ können Sie die Auberginen auch auf der Flamme des Gaskochers garen, dann leider ohne Rauchgeschmack. Natürlich kann man die Auberginen auch im Backofen rösten. Das dauert länger, der Garvorgang ist manchmal ungleichmäßig, aber das Ergebnis ist immer noch gut.

Nachdem die Auberginen abgekühlt sind, schneiden Sie die Oberseite ab. Öffnen Sie die Aubergine der Länge nach und schaben Sie das Fruchtfleisch mit einem Löffel heraus. Geben Sie das Auberginenfleisch in ein Sieb, bestreuen es mit Salz und lassen Sie zwei Stunden lang das Wasser abtropfen.

Verwenden Sie ein großes Holzbrett und schneiden Sie die Auberginen mit einem Holzmesser oder dem Rücken Ihres Küchenmessers in Stücke. So fein wie möglich hacken, bis eine feine Masse ohne lange Fasern oder Stücke entsteht. Verwenden Sie keine Küchenmaschine, da Sie sonst eine Paste erhalten, die an Geschmack und Konsistenz verliert.

In einer großen Schüssel das Auberginenfleisch mischen und dabei jeweils etwas Öl hinzufügen. Mischen Sie, bis eine Emulsion entstanden ist. Schmecken Sie sie mit Zitronensaft, Senf (wenn Sie es etwas schärfer mögen) ab und fügen Sie Salz hinzu.

Mit frisch geschnittenen Tomaten und Frühlingszwiebeln auf warmem Brot servieren.

AJVAR (SR, ME, MK)

AJVAR

Zutaten

Für 4–6 Portionen

10–12 Spitzpaprika
2 Auberginen, nach Belieben
1–6 Chilischoten, nach Belieben
Salz
200 ml Sonnenblumenöl
Weißweinessig
Zucker
schwarzer Pfeffer

Zubereitung

Die Spitzpaprika auf dem Grill bei mittlerer Flamme aufreihen. Wenn Sie sich für Aubergine und Chilischoten entscheiden, legen Sie diese ebenfalls auf den Grill.

Warten Sie, bis sie verbrennen und sich auf der Haut der Paprika verkohlte Blasen bilden. Drehen und wenden, bis sie von allen Seiten gar sind. Lassen Sie die Paprikaschoten in einer großen, mit Salz bestreuten Schüssel abkühlen. Mit einem Deckel abdecken, so lassen sie sich später leichter schälen.

Die Haut mit den Fingern von den Paprikaschoten abziehen, eine kleine Schüssel mit kaltem Wasser bereitstellen und darin die Hautreste von den Fingern entfernen. Entfernen Sie auch das Kerngehäuse und alle Kerne. Wenn Sie Auberginen und Chilischoten verwenden möchten, schälen Sie diese ebenfalls.

Das geschälte Gemüse mit einem Fleischwolf oder einem Mixer zerkleinern. In einen Topf mit dickem Boden geben und das Gemüse mit etwas Öl dünsten, dabei ständig umrühren, bis die Masse gleichmäßig und cremig wird. Abschmecken und nach Belieben mit Essig, Salz, Zucker und Pfeffer würzen. Ajvar kann in sterilisierten Gläsern aufbewahrt oder nach der Zubereitung kalt serviert werden.

> **Ich liebe das Rösten des Gemüses über Holzfeuer. Es entwickelt sich ein großartiger Geschmack und ein rauchiges Aroma. Die Freude am Spiel mit dem Feuer, das ursprüngliche Gefühl der Herstellung von Essen sind unvergleichlich.**

KIOPOULU (BG)

AUBERGINEN-AUFSTRICH

Zutaten

Für 4–6 Portionen
4 Auberginen
2 grüne Paprika
3 EL Olivenöl
2 feste Tomaten
1 Bund Petersilie
2 Knoblauchzehen
2 EL Rotweinessig
Salz
schwarzer Pfeffer
Zitronensaft, nach Belieben

Zubereitung

Die Paprika halbieren und entkernen. Zusammen mit den Auberginen mit der Hautseite nach oben anbraten, bis sie verschmort sind. In eine hitzebeständige Schüssel geben, mit Frischhaltefolie abdecken und 10 Minuten lang ruhen lassen. Wenn sie kalt genug sind, um sie zu verarbeiten, die Haut abziehen.

Auberginen und Paprika in einer Küchenmaschine pürieren, bis die Masse eine glatte Oberfläche hat. Langsam das Olivenöl einträufeln und gut einarbeiten.

Die Tomaten und die Petersilie fein hacken, den Knoblauch schälen und zerdrücken. Die Auberginen-Mischung in eine große Schüssel geben, die restlichen Zutaten hinzufügen und gut vermischen. Mit Salz, schwarzem Pfeffer und etwas Zitronensaft abschmecken.

BAKLAZANI PO-KHERSONSKI (UA)

AUBERGINEN IM CHERSON-STYLE

Zutaten

Für 4–6 Portionen
4 Auberginen
4 Paprika
200 ml Sonnenblumenöl
Salz
4 Tomaten
1 Zwiebel
2–3 Knoblauchzehen
Saft von 1 Zitrone
schwarzer Pfeffer

Zubereitung

Die Auberginen schälen und in große Würfel schneiden. Die Paprika entkernen und ebenfalls in große Stücke schneiden. Auberginen und Paprika in eine große Schüssel geben, Öl und Salz hinzufügen und gut mischen, bis alle Stücke mit Öl bedeckt sind. Zusammen mit den Tomaten im Ofen bei 180–200 °C (Ober-/Unterhitze) rösten, bis die Auberginen goldbraun sind.

Das gegarte Gemüse auf einem Holzbrett so fein wie möglich hacken. Die Zwiebeln und den Knoblauch schälen, ebenfalls hacken und zum restlichen Gemüse in eine Schüssel geben. Die Masse gut verrühren, bis sie cremig wird, etwas mehr Öl und Zitronensaft hinzufügen und weiter rühren, bis eine schöne Konsistenz erreicht ist. Mit Salz und Pfeffer abschmecken.

Man kann dieses Gericht sofort als Vorspeise servieren oder in sterilisierten Gläsern für später aufbewahren.

FASOLAKIA LATHERA (GR)
AUTHENTISCHE GRIECHISCHE GRÜNE BOHNEN

Zutaten

Für 4 Portionen

2 Zwiebeln
3 Knoblauchzehen
1 kg grüne Bohnen
1 kg Tomaten
2 Kartoffeln
2 Zucchini, nach Belieben
1 Tasse Olivenöl
Salz
schwarzer Pfeffer
1 TL Petersilie

Zubereitung

Die Zwiebeln und den Knoblauch schälen und fein würfeln. Die grünen Bohnen putzen, die Tomaten fein hacken, die Kartoffeln und die Zucchini in Scheiben schneiden.

Die Hälfte des Öls und die Zwiebeln in einen Topf mit schwerem Boden geben und glasig dünsten. Den Knoblauch, die Kartoffeln und die Zucchini dazugeben. Mischen Sie die Zutaten, bis alle Stücke mit Öl bedeckt sind. Bei mittlerer Hitze garen, bis der Knoblauch zu duften beginnt.

Mit Salz und Pfeffer würzen, dann die Bohnen hinzufügen. Erneut umrühren, bis alle Bohnen mit Öl bedeckt sind, zum Schluss die Tomaten mit dem gesamten Saft hinzufügen. Die Hitze auf mittlere Stufe stellen, den Topf abdecken und 40 Minuten köcheln lassen.

In dieser Phase brauchen Sie nicht zu rühren, da das Gemüse intakt bleiben soll, beim Rühren zerfällt es. Verteilen Sie das Gemüse einfach mit einem Holzlöffel und halten Sie es mit der Tomatensauce bedeckt.

Das Geheimnis dieses Gerichts ist das Schmoren des Gemüses in Olivenöl und Tomaten, langsam und unter einem Deckel, bis die Sauce sämig wird. Zum Schluss die andere Hälfte des Olivenöls hinzugeben, großzügig mit gehackter Petersilie bestreuen und bei Zimmertemperatur servieren.

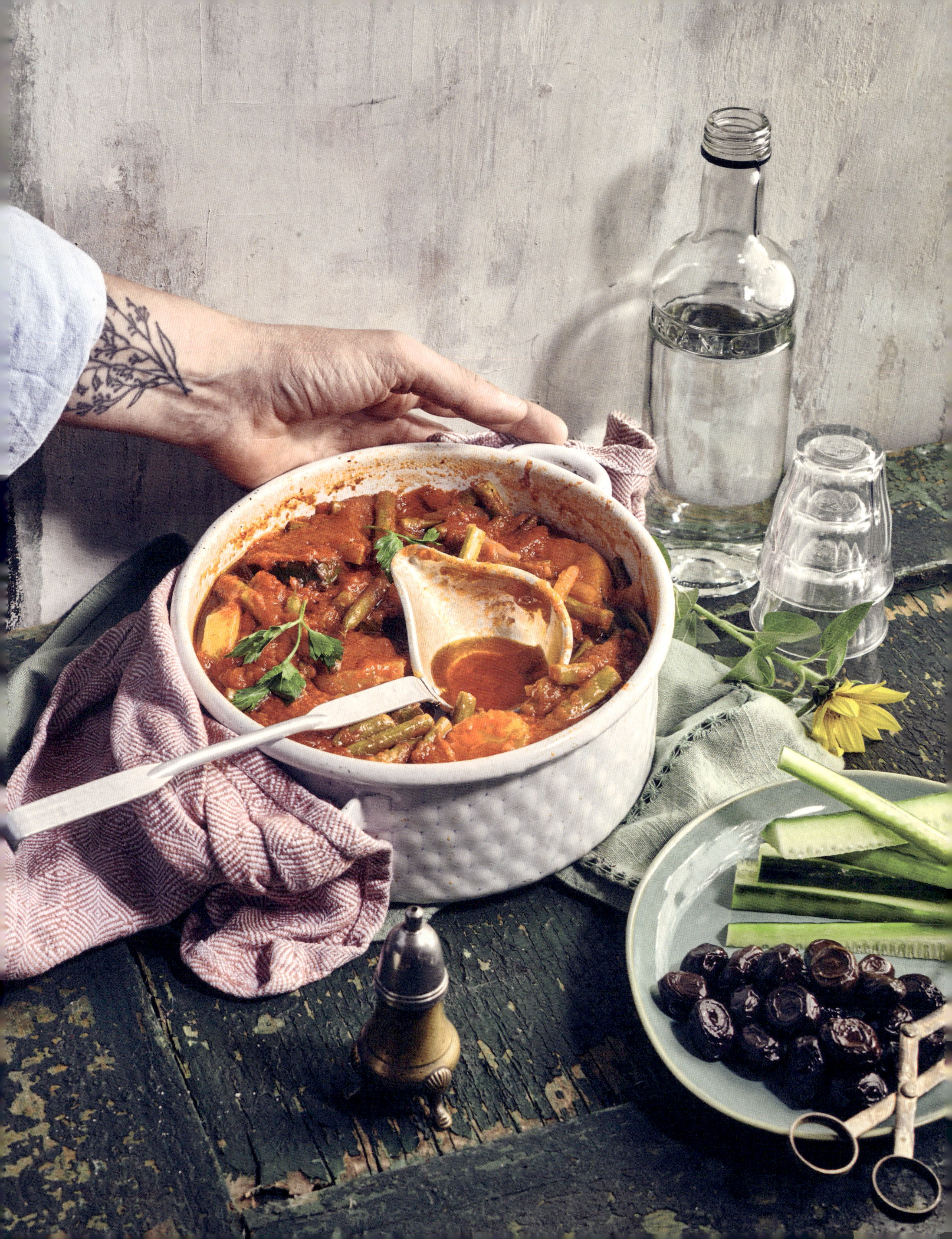

| SERBET DIN PETALE DE FLORI |

| SIROP DE ZMEURA |

SIROP DE ZMEURA (RO)

HIMBEERSIRUP

Zutaten

Für 20–25 Portionen
1 kg Himbeeren
1 kg Zucker
Saft von 1 Zitrone

Zubereitung

Waschen Sie die Beeren unter fließendem kaltem Wasser gut ab. Entfernen Sie gequetschte oder verdorbene Beeren und lassen Sie sie in einem Sieb abtropfen.

In einem großen Gefäß die Beeren und die Hälfte des Zuckers abwechselnd schichten und über Nacht an einem dunklen Ort durchziehen lassen.

Die eingeweichte Mischung mit einem Stab-Mixer pürieren. Das Püree durch ein Käsetuch oder ein feines Sieb abseihen und gut auspressen, um Saft und Fruchtfleisch von den Kernen zu trennen.

Lassen Sie die Mischung 2–3 Stunden ruhen, um sie zu klären, und filtern Sie sie dann durch einen Kaffeefilter (dieser Schritt ist optional, führt aber zu einem viel schöneren Ergebnis). Die entstandene Flüssigkeit abmessen und mit einem Viertel der abgemessenen Menge an Wasser auffüllen.

In einem Topf mit schwerem Boden mit dem restlichen Zucker und dem Zitronensaft mischen und etwa 5 Minuten köcheln. Anschließend abkühlen lassen und in Flaschen füllen.

SERBET DIN PETALE DE FLORI (BG)

BLÜTENBLÄTTER-SORBET

Zutaten
Für 20–25 Portionen
150 g Blütenblätter (z. B. Rose, Mohn, Flieder, Zucchini, Lavendel, Weiße Akazie (Robinie), Holunderblüten)
Salz
600–650 g Zucker
Saft von 1 Zitrone

Zubereitung

Die Blütenblätter in einem Bad aus kaltem Wasser und Salz 5 Minuten sehr gut waschen, ohne sie zu quetschen, damit alle Insekten, Schmutz und Pollen entfernt werden. Abtropfen lassen und in einem Sieb gut abspülen.

In einem Topf 300 ml Wasser zum Kochen bringen und die Blütenblätter darin 5 Minuten köcheln lassen, bis sie weiß geworden sind. Dann die Blütenblätter aus dem Wasser nehmen und für später aufbewahren. Den Sud mit einem Messbecher abmessen, dann die doppelte Menge Zucker und den Zitronensaft hinzufügen.

Bei schwacher Hitze köcheln und darauf achten, dass die Karamellisierungs-Temperatur von 118 °C nicht überschritten wird. Sobald diese Temperatur erreicht ist, die gekochten Blütenblätter zugeben, vom Herd nehmen, mit einem Deckel abdecken und über Nacht abkühlen lassen, damit sich die restlichen Aromen auf die Mischung übertragen.

Am nächsten Tag die Mischung erneut bis zum Sieden erhitzen, die Blütenblätter herausnehmen und auf 40–45 °C abkühlen lassen. Die Mischung in eine Rührschüssel geben und mit einem Handmixer verrühren, bis sie opak und cremig wird. Dieser Prozess ist ziemlich langwierig, also haben Sie bitte Geduld. Das Abkühlen erhöht die Konsistenz des Sorbets.

> Früher war dieses Sorbet eine Delikatesse, das an heißen Sommertagen zu Kaffee und einem Glas eiskaltem Wasser serviert wurde. Das Rezept erfordert etwas Geduld, aber es lohnt sich!

| Tipp |
In einem Spritzbeutel verpackt, kann man das Sorbet in Wasser erwärmen und als Zuckerguss für Kuchen oder Kekse verwenden.

| KISSEL |

| COMPOT DE FRUCTE |

KISSEL (RU)
RUSSISCHER OBST-PUDDING

Zutaten
Für 8 Portionen
1 kg Cranberries
500 g Zucker
Maisstärke

Zubereitung

Der erste Schritt besteht darin, den Cranberries so viel Saft wie möglich zu entziehen. Dazu zerdrückt man die Beeren und vermischt sie in einem Topf oder einer Schüssel mit dem Zucker. Das Zerkleinern kann manuell oder in einem Fleischwolf erfolgen. Über Nacht durchziehen lassen.

Trennen Sie das Fruchtfleisch vom Saft, indem Sie es in einem Käsetuch ausdrücken und abtropfen lassen.

Anschließend für jeden Liter Flüssigkeit 2–3 Esslöffel Stärke zugeben. Bei 2 Esslöffeln pro Liter erhalten Sie einen saucenartigen Kissel, bei 3 Esslöffeln eher eine puddingartige Konsistenz.

Lösen Sie die Stärke in dem kalten Saft auf und bringen Sie ihn dann zum Kochen, wobei Sie das Eindicken der Flüssigkeit beobachten. Je nach Wunsch auf Dessert-Schalen verteilen oder in Puddingschalen füllen. Warm oder kalt servieren.

COMPOT DE FRUCTE (RO)

SOMMERLICHES KOMPOTT

Zutaten

Für 4–6 Portionen

300 g Stachelbeeren
300 g Johannisbeeren
500 g Aprikosen
  (nicht ausgereifte Früchte)
500 g Kirschpflaumen
  (nicht ausgereifte Früchte)
400 g Zucker
1 Sternanis
1 Zimtstange
5–7 Nelken
1 Vanillestange, nach Belieben
30 g Ingwer, in Scheiben
  geschnitten
Melisse
Minze

Zubereitung

Die Früchte und Beeren sorgfältig unter kaltem Wasser waschen. Wählen Sie nur die gesunden, unversehrten Früchte aus und versuchen Sie, sie nicht zu beschädigen. Lassen Sie sie eine Stunde lang in kaltem Wasser liegen, damit sie auch nach dem Kochen noch knackig sind.

Bringen Sie 3 Liter Wasser zum Kochen, fügen Sie den Zucker und die Gewürze hinzu. 5–10 Minuten köcheln lassen, damit die Gewürze in das Wasser einziehen. Dann die Aprikosen und die Kirschpflaumen in das kochende Wasser geben und warten, bis das Wasser wieder 3 Minuten lang gekocht hat. Die Beeren hineingeben und den Topf vom Herd nehmen. Den Topf abdecken und an einem kalten Ort auskühlen lassen.

Kalt aus dem Kühlschrank mit Eiswürfeln, Minze und Melisse servieren.

SALATA DE CARTOFI (MD)

KARTOFFELSALAT MIT LÖWENZAHN UND PETERSILIE

Zutaten

Für 4–6 Portionen

1 kg Kartoffeln, festkochend
200 g Löwenzahn
150 ml Olivenöl
1 EL Senf
Saft aus 1 Zitrone
1 Bund Petersilie
Salz
schwarzer Pfeffer
50–100 g Mandelblättchen

Zubereitung

Die ungeschälten Kartoffeln kochen, dann abkühlen lassen, schälen und in dicke Scheiben schneiden.

Die Löwenzahnblätter 10 Minuten in ein kaltes Salzwasserbad tauchen. Nachdem Sie den Löwenzahn gespült und abgetropft haben, hacken Sie die Blätter je nach Geschmack in große Stücke oder kleine Streifen.

Für das Dressing Öl, Senf und Zitronensaft miteinander verrühren. Kartoffeln, Löwenzahn, gehackte Petersilie und das Dressing in einer Rührschüssel vermengen. Mit Salz und Pfeffer würzen und mit den Mandeln garnieren.

> Sie können den Löwenzahn verwenden, den Sie auf dem Markt finden, aber Sie können auch im Park oder im Wald nach frischen Blättern suchen. Die Löwenzahnblätter aber immer sehr gut waschen!

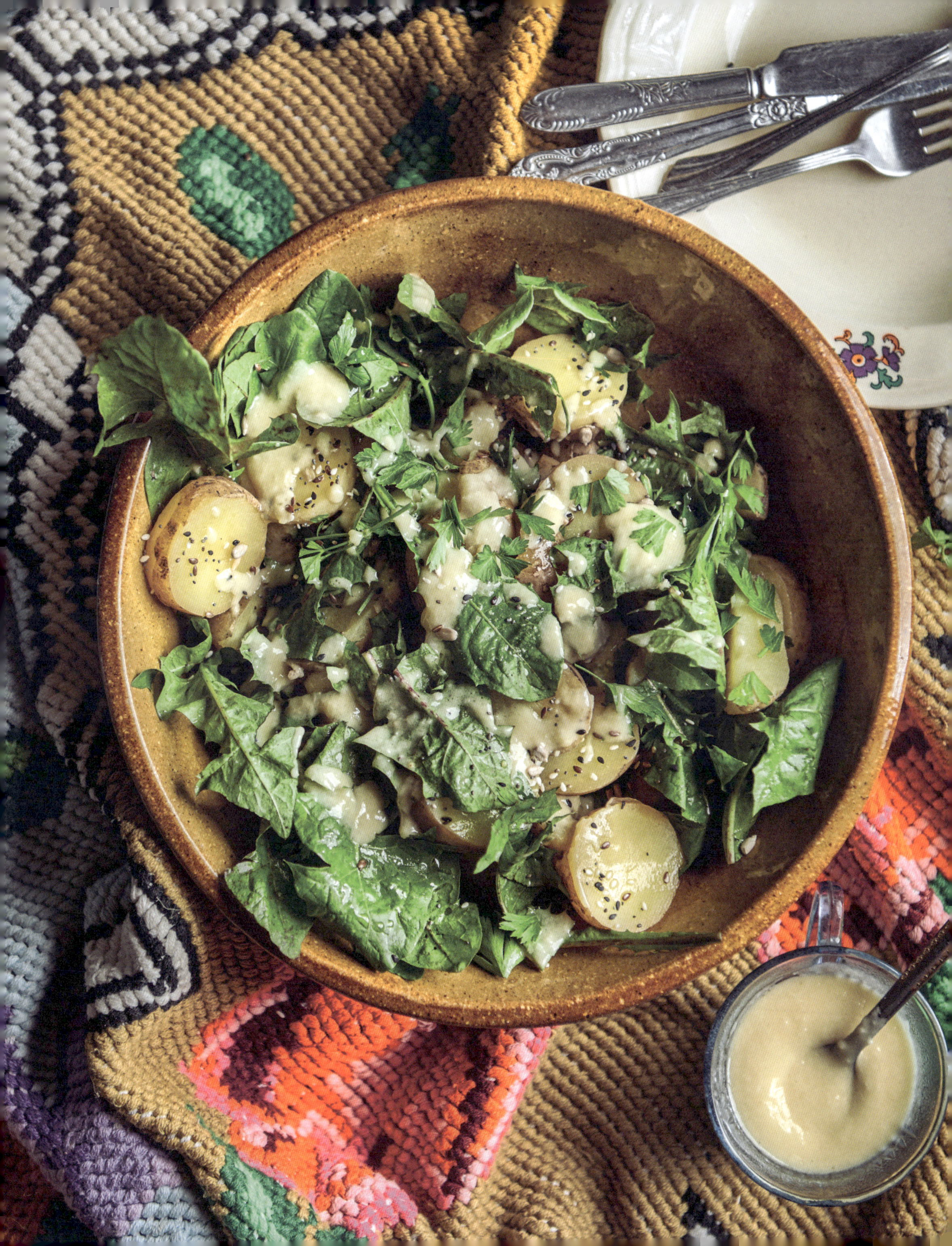

GHIVECI (RO, MD, BG, SR, MK)

SOMMERGEMÜSE-EINTOPF

Zutaten

Für 4 Portionen
1 kleiner Blumenkohl
300 g grüne Bohnen
6 kleine Kartoffeln
1 Zucchini
1 Aubergine
2 rote Paprika
2 Zwiebeln
2 Möhren
3 Stangensellerie
1 Stange Lauch
3 Knoblauchzehen
4 Tomaten
Sonnenblumenöl
1 Bund Petersilie
1 TL Oregano
Majoran
Thymian
200 ml Rotwein
Salz
schwarzer Pfeffer

Zubereitung

Den Blumenkohl in kleine Röschen brechen. In einem großen Topf Salzwasser zum Kochen bringen. Den Blumenkohl und die grünen Bohnen im sprudelnden Wasser etwa 3 Minuten kochen. Sofort mit kaltem Wasser abschrecken, abgießen und beiseitestellen.

Die Kartoffeln schälen, halbieren und kochen, dann ebenfalls abkühlen lassen.

Zucchini, Auberginen und Paprika ggf. von den Kernen befreien, würfeln und zusammen in einer Pfanne auf hoher Stufe anbraten, bis sie Farbe bekommen und sich Aromen entwickeln. In einer Schüssel abkühlen lassen und mit etwas Salz bestreuen.

Die Zwiebeln und den Knoblauch schälen und würfeln. Die Möhren, den Sellerie und den Lauch in kleine Stücke bzw. in Ringe schneiden. In einer großen Pfanne oder einem Topf (ich bevorzuge einen gusseisernen Topf) die Zwiebeln, den Lauch, die Möhren und die Sellerie anbraten. Bei mittlerer Hitze dünsten, bis die Zwiebeln und der Lauch weich sind und eine hellgelbe Farbe annehmen. Den Knoblauch und die fein gehackten Kräuter hinzufügen und einige Minuten garen, bis der Knoblauch zu duften beginnt.

Fügen Sie das restliche Gemüse hinzu, das Sie bereits vorbereitet haben, und braten Sie alles weitere 5 Minuten. Dabei alles gründlich miteinander vermengen. Mit Wein ablöschen und aufkochen, bis der Alkohol verdunstet ist. Zum Schluss die gewürfelten Tomaten und eine halbe Tasse Wasser hinzugeben und bei schwacher Hitze und geschlossenem Deckel 30 Minuten köcheln lassen.

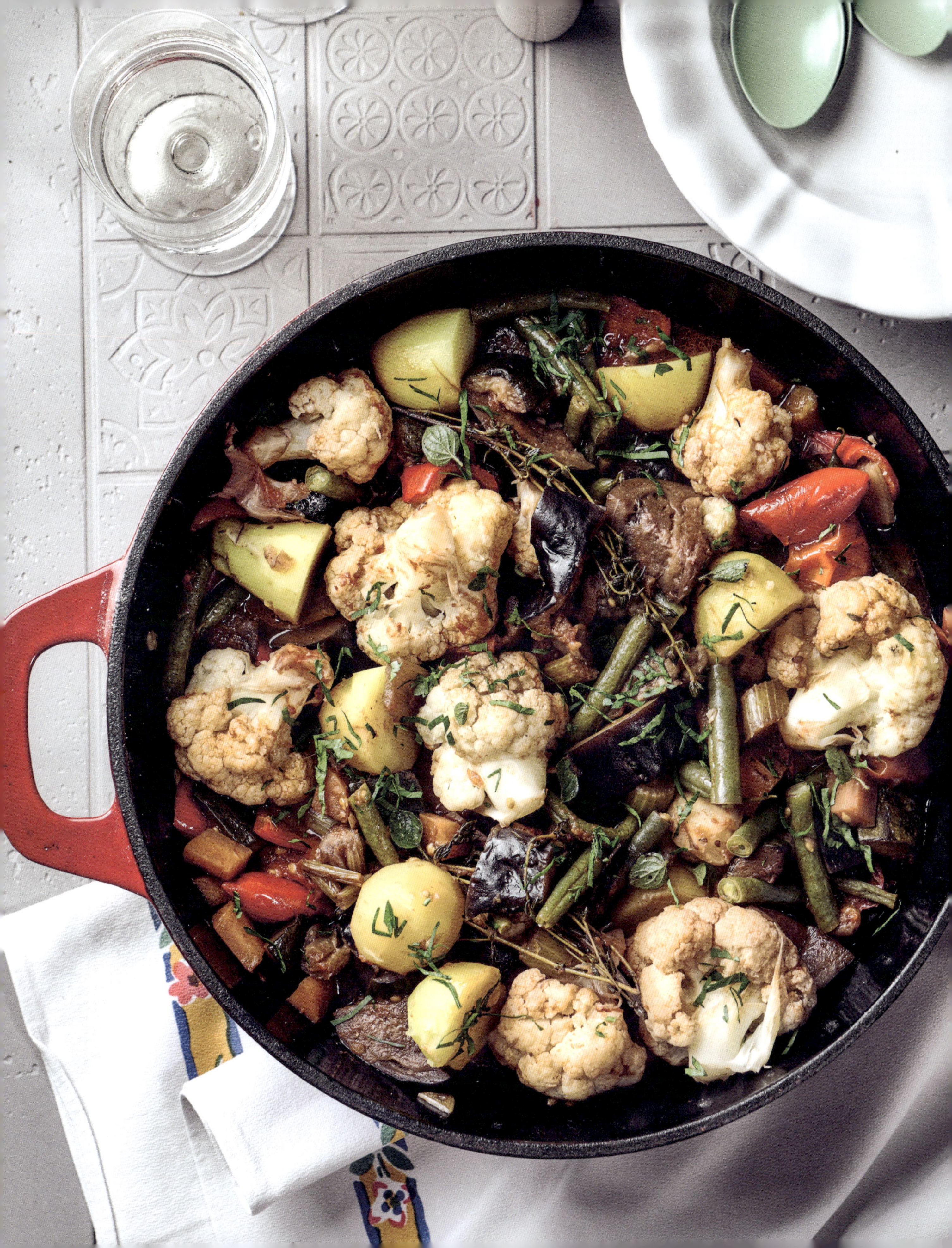

| SALATA DE IARBA GRASA |

| PILAF DE ARPACAS |

PILAF DE ARPACAS (MD)

GERSTENRISOTTO MIT GRÜNER SAUCE UND GEMÜSE

Zutaten

Für 6 Portionen

300 g Gerste
2 Zwiebeln
300 ml Weißwein
1 l Gemüsebrühe
2 Zucchini
2 grüne Paprika
300 g grüne Bohnen
200 g Erbsen
1 Bund Frühlingszwiebeln
1 Bund Petersilie
100–200 ml Sonnenblumenöl
1 Spritzer Zitronensaft
Salz
schwarzer Pfeffer
1 Bund Pimpinelle
100 g geröstete Sonnenblumenkerne

Zubereitung

Die Gerste unter kaltem Wasser waschen und abtropfen lassen. Zunächst die Zwiebeln schälen und fein hacken. In einem Topf mit Öl anschwitzen. Die Gerste dazugeben und 3–4 Minuten unter ständigem Rühren dünsten. Mit Weißwein ablöschen und köcheln lassen, bis der Alkohol verdunstet ist. Nach und nach die Gemüsebrühe hinzugeben und köcheln, bis die Gerstenbeeren weich sind, aber noch ihre Form behalten.

Die Zucchini und die Paprika in 1 cm dicke Scheiben schneiden, mit Salz und Pfeffer würzen. In einer Pfanne anbraten, ohne die Pfanne zu überfüllen. Dieser Vorgang kann je nach Geschmack mit oder ohne Öl durchgeführt werden.

Die Bohnen in 3–4 cm lange Stangen schneiden und in Salzwasser 7–8 Minuten lang kochen, bis sie weich sind. In den letzten 3–4 Minuten auch die Erbsen dazugeben.

Mit einem Stab-Mixer eine Sauce aus Frühlingszwiebeln, Petersilie, 100 ml Öl, Salz, Pfeffer und einem Spritzer Zitronensaft herstellen.

Die heiße Gerste mit dem Gemüse und der grünen Sauce mischen. Sollte es zu trocken sein, können Sie gerne noch eine Tasse Gemüsebrühe hinzufügen.

Heiß servieren und mit Pimpinelle-Blättern und gerösteten Sonnenblumenkernen würzen.

SALATA IARBA GRASA (RO)

PORTULAK-SALAT MIT SOMMERGEMÜSE

Zutaten

Für 6 Portionen
200 g Portulak
1 Bund Radieschen
10 Kirschtomaten
1 Gurke
1 Schalotte
6–8 Basilikumblätter
100 ml Olivenöl
Saft von 1 Zitrone
Salz
schwarzer Pfeffer
100 g Walnusskerne

Zubereitung

Das Gemüse waschen, putzen und in Scheiben oder Würfel schneiden. Die Gurke entkernen, die Kerne für das Dressing auffangen. Die Schalotte schälen und ebenso wie den Basilikum fein hacken. Die Walnüsse in einer Pfanne ohne Öl rösten.

Aus den Gurkenkernen, Öl, Zitronensaft, Salz und Pfeffer mit einem Stab-Mixer eine Emulsion herstellen. Alle Zutaten in eine Salatschüssel geben und gut mischen. Mit den gerösteten Walnüssen und dem Basilikum bestreut servieren.

| MUJDEI |

| LIMBI DE DOVLECEI |

| BURETI DE FAG LA GRATAR |

MUJDEI (RO)
TYPISCHE RUMÄNISCHE KNOBLAUCHSAUCE

Zutaten
Für 10–12 Portionen
50 g Knoblauch
4 g grobes Meersalz
100 ml Öl
20 ml Zitronensaft, nach Belieben

Zubereitung
Den Knoblauch schälen und zusammen mit dem groben Salz in einen Holz- oder Steinmörser geben. So lange pressen und zerdrücken, bis die Knoblauchzehen und das Salz eine Paste bilden. Dann das Öl in kleinen Mengen zugeben, sodass eine reichhaltige Emulsion entsteht. Optional können Sie Zitronensaft für den Geschmack und 50 ml Wasser für eine leichtere Konsistenz hinzufügen.

Mit Kartoffeln oder gegrilltem Gemüse oder Pilzen servieren.

> Der Name dieser Knoblauchsauce kommt aus dem Französischen „mousse d'ail", im Rumänischen als Mujdei bezeichnet.

| Tipp |
Das Rezept kann noch verbessert werden, wenn Sie beim Zerkleinern des Knoblauchs gehackte frische Petersilie oder Dill hinzufügen.

LIMBI DE DOVLECEI (MD)

GEFÜLLTE ZUCCHINIRÖLLCHEN

Zutaten

Für 4 Portionen
4 mittelgroße Zucchini
100 g Walnusskerne
200 g Datteln
Mujdei (siehe Seite 116)
Thymian
Salz
schwarzer Pfeffer
Öl

Zubereitung

Waschen Sie die Zucchini und schneiden Sie sie der Länge nach in 3–4 mm dicke Scheiben. Die Walnüsse und Datteln fein hacken, mischen und mit Salz und Pfeffer würzen. Die Zucchinischeiben in einer großen Pfanne in sehr wenig Öl anbraten, bis sie weich werden, anschließend auf eine Platte legen und abkühlen lassen. Die Oberseite mit Mujdei bestreichen, mit etwas Thymian, Salz und Pfeffer bestreuen und einen Teelöffel der Walnuss-Dattel-Mischung daraufgeben, dann aufrollen. Einen Zahnstocher in die Rolle stecken und goldbraun braten. Mit Dill und einem Spritzer Zitrone gewürzt heiß oder kalt servieren.

BURETI DE FAG LA GRATAR (RO)

GEGRILLTE AUSTERNPILZE

Zutaten

Für 5–6 Portionen
10–12 große Austernpilze
Öl
frisches Bohnenkraut
Salz
schwarzer Pfeffer
Mujdai (siehe Seite 116)
Petersilie

Zubereitung

Schneiden Sie die Stiele der Pilze so ab, dass Sie eine flache Form erhalten. Beide Seiten mit etwas Öl bepinseln. Das Bohnenkraut waschen und fein hacken und die Pilze damit zusammen mit Salz und Pfeffer würzen. Auf dem heißen Grill von jeder Seite 2–3 Minuten grillen. In eine Schüssel geben, 1 Teelöffel Mujdei dazugeben und 5 Minuten zugedeckt ziehen lassen. Mit gehackter Petersilie bestreuen und auf einem großen Teller servieren.

| PEPENE ROSU CU HREAN |

| SALATA DE ARDEI COPTI |

PEPENE ROSU CU HREAN (RO)
WASSERMELONEN-SALAT MIT MEERRETTICH

Zutaten
Für 6 Portionen
1 mittelgroße Wassermelone
100 g Meerettich
20 g Schwarzkümmel
½ Bund Kerbel

Zubereitung
Schneiden Sie die Melone in große Stücke und entfernen Sie die Schale und Kerne. Den Meerrettich schälen und mit einer feinen Reibe reiben.

Alles in einer großen Salatschüssel mischen und mit Kernen und Kräutern würzen. Kalt aus dem Kühlschrank servieren.

SALATA DE ARDEI COPTI (RO)

GEBRATENER SPITZPAPRIKA-SALAT

Zutaten

Für 5–6 Portionen
8–10 Spitzpaprika
2 Tomaten
Olivenöl
2 Knoblauchzehen
Salz
schwarzer Pfeffer
Petersilie

Zubereitung

Die Paprika auf dem Grill oder über den Flammen rösten und wenden, bis sie von allen Seiten verschmort ist. Auf diese Weise bleibt das Fruchtfleisch fest und saftig und die Haut lässt sich leicht abziehen. Nach dem Rösten die Paprika in eine Schüssel geben, mit Salz bestreuen und abdecken, bis sie abgekühlt ist. Den in der Schüssel austretenden Saft aufheben, um ihn für das Dressing zu verwenden.

Die Paprika mit den Fingern schälen, dabei eine Schüssel mit kaltem Wasser bereithalten, um die Finger von klebrigen Hautstücken zu reinigen.

Ein Dressing aus Öl, geriebenen Tomaten, Paprikasaft, gehacktem Knoblauch, Salz und Pfeffer herstellen. Die geröstete Paprika in eine Salatschüssel geben, das Dressing darübergießen und mit gehackter Petersilie bestreuen.

> Auch hier rösten wir wieder Paprika auf dem Grill. Das Raucharoma und der süße, karamellisierte Paprikaduft machen mich jedes Mal aufs Neue glücklich. Ich liebe diesen Salat an heißen Sommertagen – am liebsten kalt direkt aus dem Kühlschrank.

TSUKKINI PISTAKOV (AM)

ZUCCHINI MIT PISTAZIEN

Zutaten

Für 6 Portionen
5 Zucchini
Salz
schwarzer Pfeffer
Olivenöl
100 ml Sonnenblumenöl
Saft von 1 Zitrone
1 Bund Basilikum
100 g ungesalzene, geröstete Pistazienkerne

Zubereitung

Die Zucchini in 2 cm große Scheiben scheiben und in eine große Schüssel geben. Mit Salz und Pfeffer würzen und mit etwas Olivenöl beträufeln. Schwenken Sie das Gemüse, bis es vollständig mit Öl bedeckt ist.

In einer großen Pfanne bei mittlerer Hitze anbraten, dabei nach und nach das Sonnenblumenöl hinzugeben. Die Pfanne nicht zu voll machen und die Zucchini-Scheiben braten und wenden, bis sie an den Seiten goldbraun sind.

In einer Servierschüssel die gebratenen Zucchini mit etwas Olivenöl, Zitronensaft, gehacktem Basilikum und gehackten Pistazien mischen. Kalt als Salat servieren.

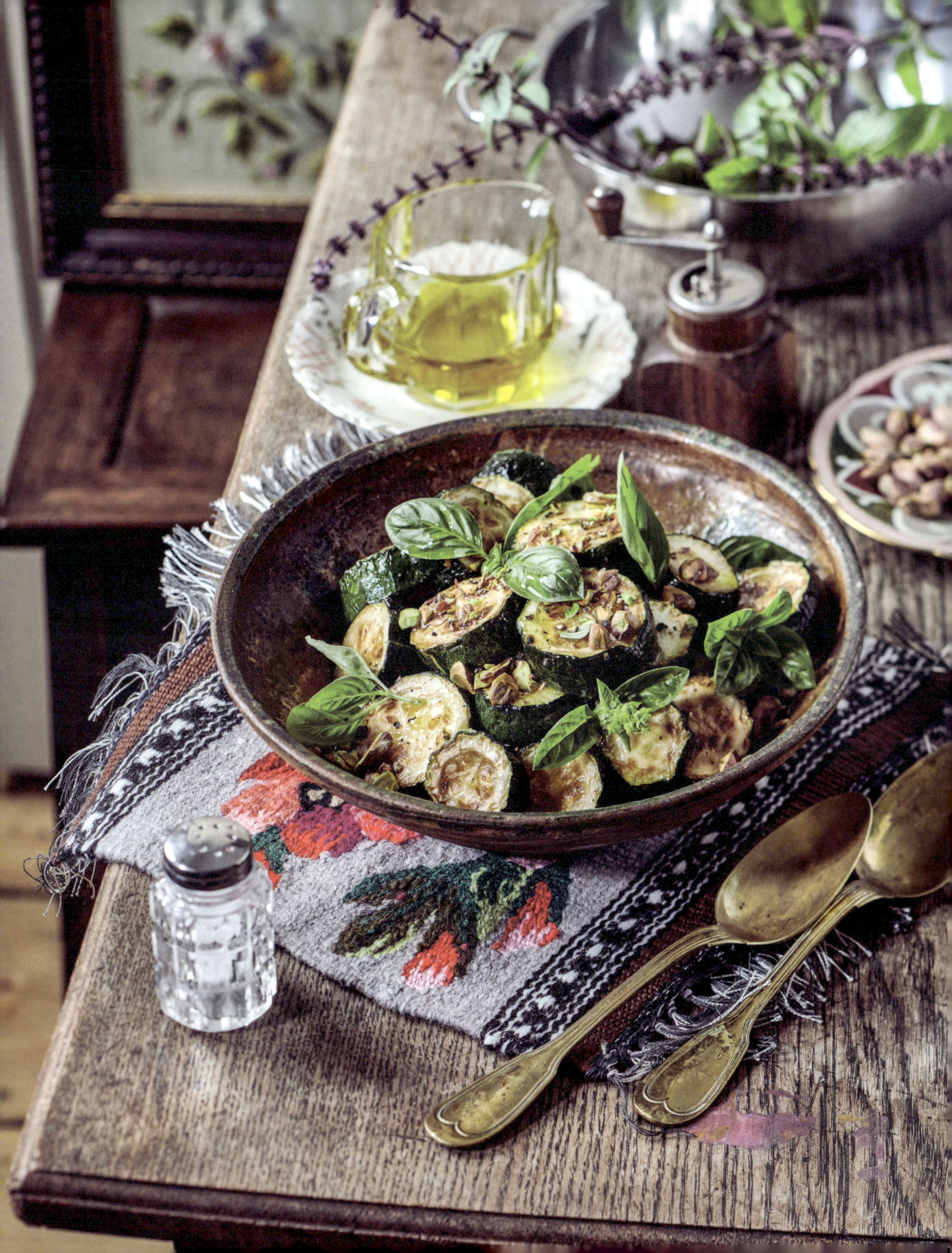

NISTISIMI SPANAKOPITA (GR)
SPINATPASTETE

Zutaten

Für 6 Portionen

1 kg frischer Spinat
2–3 Knoblauchzehen
2 Bund Frühlingszwiebeln
150 g Bulgur
Salz
schwarzer Pfeffer
100 g Walnusskerne
1 Bund Dill
1 Bund Minze
100 ml Olivenöl
1 Packung Yufka-Teig

Zubereitung

Den Spinat waschen und die Stiele entfernen. In einem großen Topf Wasser mit Salz aufkochen und den Spinat darin 1–2 Minuten ziehen lassen. Aus dem kochenden Wasser nehmen und sofort mit kaltem Wasser übergießen. Um möglichst viel Flüssigkeit zu entfernen, drücken Sie den Spinat in einem Küchentuch aus.

Den Knoblauch schälen und ebenso wie die Frühlingszwiebeln fein hacken. In einer kleinen Pfanne anbraten, bis sie weich sind und duften. Den Knoblauch nicht anbrennen lassen, da er sonst seinen starken Geschmack verliert und bitter wird.

Den Bulgur hinzugeben und mit den Zwiebeln und dem Knoblauch vermischen. Braten Sie die Masse, bis sie etwas Farbe bekommt. Den Spinat hinzugeben und auf kleiner Flamme weiter köcheln lassen. Mit Salz und Pfeffer würzen und so lange kochen, bis das gesamte Wasser verdunstet ist. Den Bulgur auskühlen lassen, dann die gehackten Walnüsse, den gehackten Dill und die gehackte Minze unterheben.

Nehmen Sie ein Backblech und bestreichen Sie den Boden und die Seiten mit Olivenöl. Legen Sie dann vorsichtig ein Yufka-Blatt auf den Boden. Bestreichen Sie das Blatt auf der Oberseite mit Olivenöl und legen Sie das zweite Blatt darauf. Geben Sie dann eine Schicht Spinatfüllung gleichmäßig darauf. Wiederholen Sie den Vorgang 2–3-mal, je nachdem, wie viel Füllung und Yufka-Blätter Sie haben.

Vor dem Backen die Pastete mit einem scharfen Messer in kleine Portionen einritzen. Im vorgeheizten Backofen bei 180 °C (Ober-/Unterhitze) etwa 20 Minuten backen.

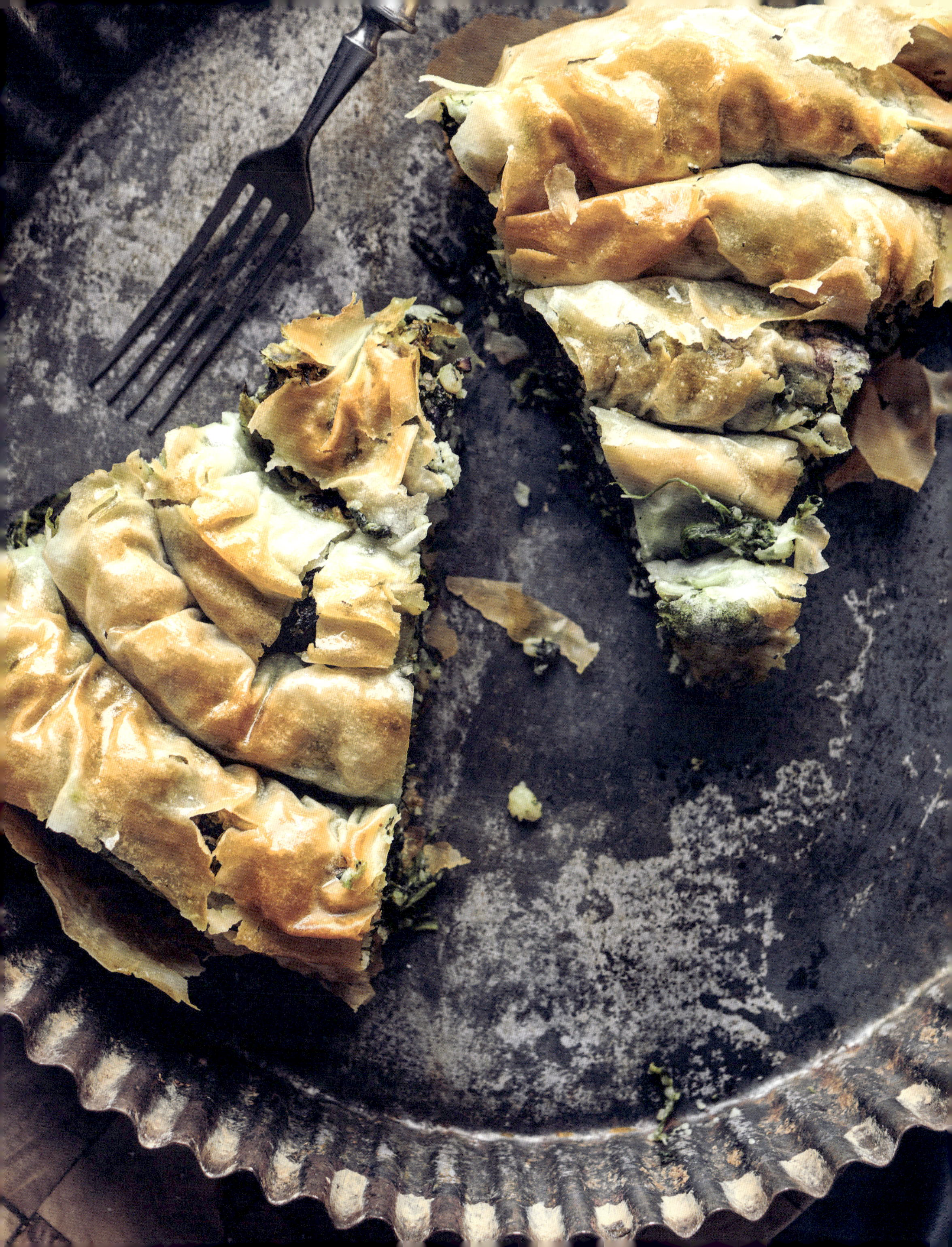

DULCEATA DE MORCOVI (RO)

MÖHRENMARMELADE

Zutaten

Für 9–10 Gläser

2 kg Möhren
Salz
2 kg Zucker
2 Zimtstangen
2 Zitronen
2 Vanilleschoten

Zubereitung

Die Möhren zuerst schälen und gut waschen. In einem Topf 2 Liter Wasser zum Kochen bringen, die ganzen Möhren zusammen mit 1 Prise Salz hinzufügen und 30 Minuten lang kochen, ohne sie weich werden zu lassen. Nach dieser Zeit das Wasser abgießen (auffangen!) und abkühlen lassen, dann in Würfel schneiden. Die Zitronen schälen und die Filets herausschneiden.

Etwa 1 Liter Möhren-Wasser mit dem Zucker mischen und 30 Minuten lang kochen, bis sich ein Sirup bildet. Die Möhrenwürfel und den Zitronensaft hineingeben und unter leichtem Rühren köcheln lassen.

Wenn die Marmelade eine feste Konsistenz annimmt, die Vanilleschoten auskratzen und das Mark, die Schoten und die Zimtstangen hinzugeben und den Herd ausschalten. Die Marmelade kann sofort nach dem Abkühlen serviert oder in sterilisierten Gläsern aufbewahrt werden.

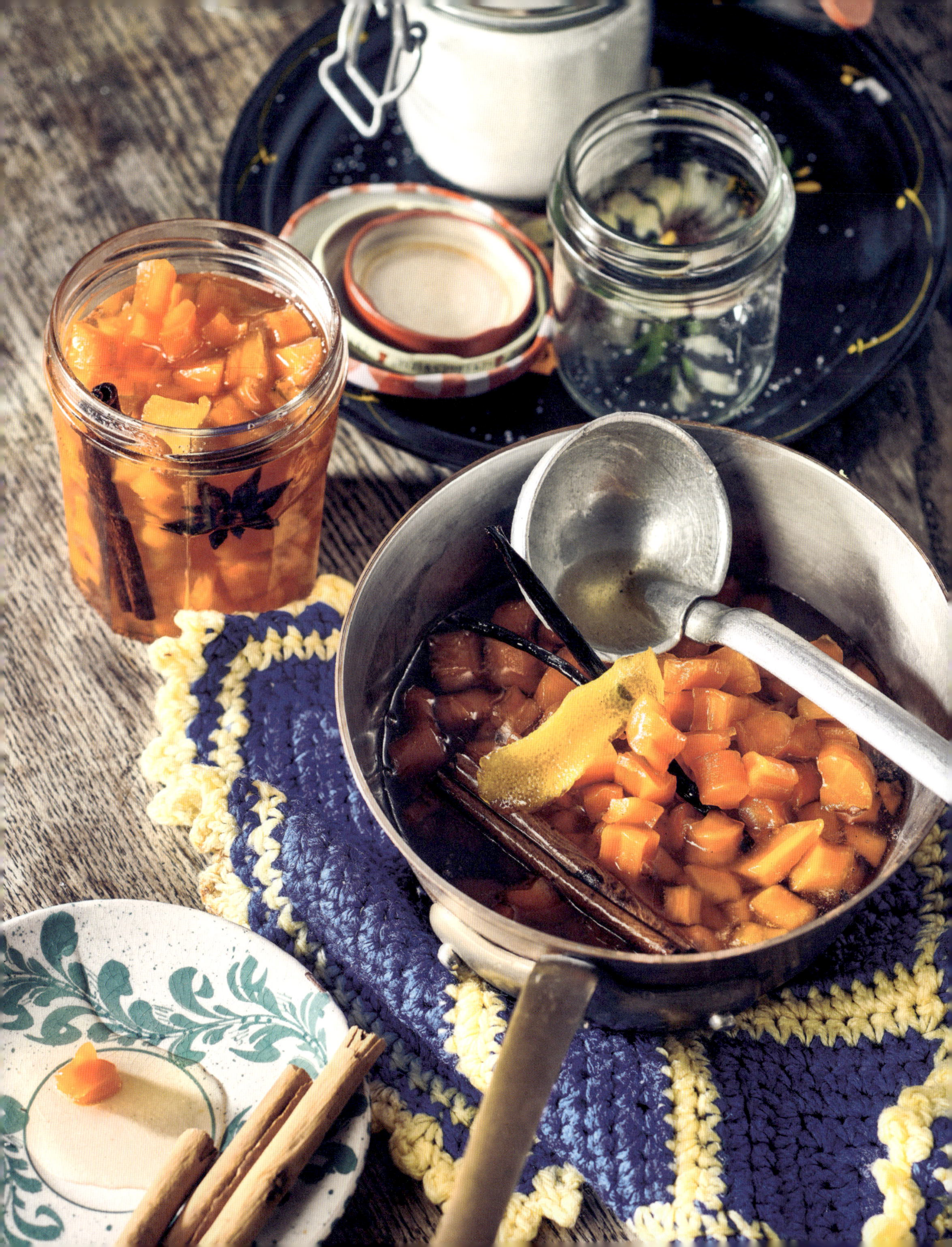

| INVARTITA CU PETALE DE TRANDAFIR |

| VARZARE CU CIRESE AMARO |

VARZARE CU CIRESE AMARO (MD)

AMAROKIRSCHEN IM KNUSPERMANTEL

Zutaten

Für 8–10 Portionen

Für den Teig:
- 500 g Dinkelmehl
- 1 Würfel frische Hefe
- Salz
- 150 g Zucker
- 50 ml Sonnenblumenöl oder veganes Fett

Für die Füllung:
- 500 g frische Kirschen
- 100 g Zucker
- 1 Päckchen Vanillezucker
- 20 g Maisstärke
- einige Walnusskerne

Zubereitung

Für den Teig Mehl, Hefe, 1 Prise Salz und 300 ml Wasser mischen und so lange kneten, bis der Teig elastisch ist und nicht mehr an den Händen klebt. Lassen Sie ihn mit einem Handtuch abgedeckt mindestens 1 Stunde gehen.

Anschließend den Zucker und das Öl oder das geschmolzene Fett hinzugeben und noch einmal durchkneten, um alle Zutaten einzuarbeiten. Den Teig in 6 gleich große Kugeln teilen und 15 Minuten ruhen lassen.

In der Zwischenzeit die Kirschen waschen und die Kerne entfernen. Die Kirschen in eine Schüssel geben und mit Zucker, Vanillezucker und Speisestärke bestreuen und vermischen.

Auf einer geölten oder bemehlten Arbeitsfläche die Kugeln mit einem Nudelholz in schöne Kreise ausrollen und jeden Kreis von beiden Seiten einölen. Einen Teigkreis nehmen, Kirschen in die Mitte geben und 8–10-mal zur Mitte hin umklappen. Den Vorgang wiederholen, vorsichtig auf ein mit Backpapier ausgelegtes Backblech legen und 15 Minuten ruhen lassen. Die Oberseite erneut einölen, mit Zucker und gehackten Walnüssen bestreuen und 25 Minuten bei 180 °C (Ober-/Unterhitze) backen. Auskühlen lassen und mit Puderzucker bestreuen.

PETALE DE TRANDAFIR (MD)

ROSENBLÜTENSTRUDEL

Zutaten

Für 6–8 Portionen

200 g Rosenblütenblätter

200 g Zucker

200 g gemahlene Walnusskerne

1 Packung Yufka-Teig

100 g Sonnenblumenöl oder veganes Fett

50 g Puderzucker

Zubereitung

Die Blütenblätter in kaltem Wasser waschen, damit Ungeziefer, Staub und Schmutz entfernt werden. Trocknen Sie die Blütenblätter mit Küchenrolle und drücken Sie sie vorsichtig, damit das Wasser entfernt wird. In einer großen Schüssel die Blütenblätter, den Zucker und die Walnüsse mischen.

Den Yufka-Teig auf einem Tisch ausbreiten, das erste Blatt nehmen und auf ein mit Backpapier ausgelegtes Backblech legen. Das Teigblatt mit Öl oder geschmolzenem Fett bestreichen. Das Bestreichen mit 3–4 Blättern wiederholen.

Die Blütenblätter an der Unterseite des Teigstapels als Bahn platzieren, dabei einen Rand von 4 cm lassen, der beim Aufrollen des Strudels hilft. Die Strudelrolle einölen, wenn sie fertig ist, und 15 Minuten bei 180 °C (Ober-/Unterhitze) im Ofen backen.

Auskühlen lassen und vor dem Servieren mit Puderzucker bestreuen.

HERBST

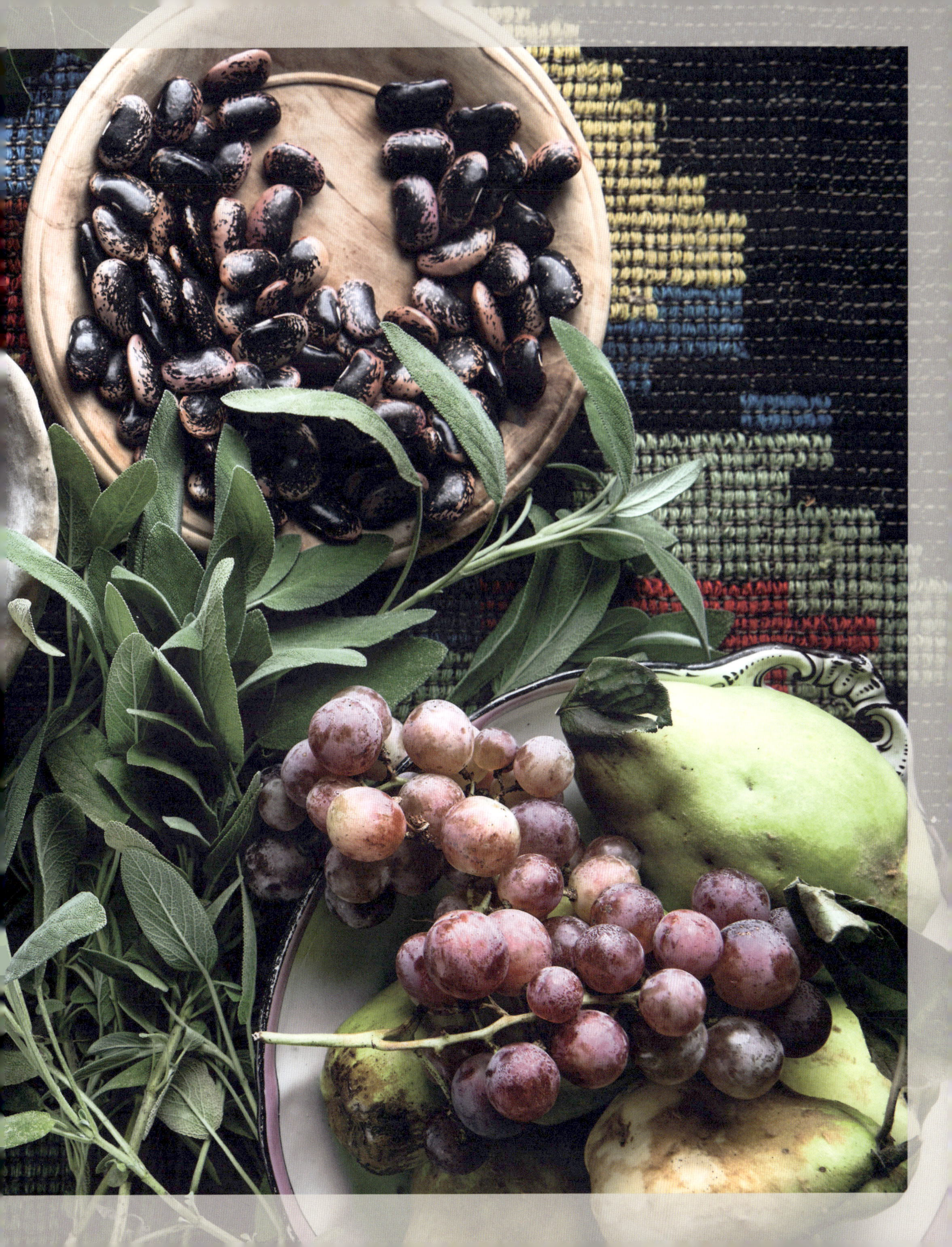

SFECLA UMPLUTA (RO)
ROTE BETE GEFÜLLT MIT MEERRETTICH

Zutaten

Für 6–8 Portionen

6–8 kleine Rote Bete

60 ml Olivenöl

10 ml Apfelessig

Salz

schwarzer Pfeffer

Dill

100 g Meerrettich aus dem Glas

Zubereitung

Die Rote Bete in Salzwasser kochen, bis sie weich sind. Lassen Sie sie im Wasser abkühlen. Schneiden Sie die Oberseite jeder Roten Bete ab, sodass die flache Oberfläche es Ihnen ermöglicht, später das Innere auszuhöhlen. Die Haut lässt sich leicht mit den Fingern entfernen. Schneiden Sie auch die Böden ab, damit sie hübsch aussehen und zum Servieren auf einen Teller gelegt werden können.

Jede Rote Bete von innen aushöhlen, dabei darauf achten, dass der Hohlraum groß genug für die Füllung ist, aber die Außenseite nicht beschädigt wird. Das herausgenommene Material mit einem Messer fein hacken und in einer Schüssel mit Olivenöl, Essig, Salz, Pfeffer und Dill würzen. Die Rote Bete mit der Mischung füllen, den Meerrettich darauf geben und kalt servieren.

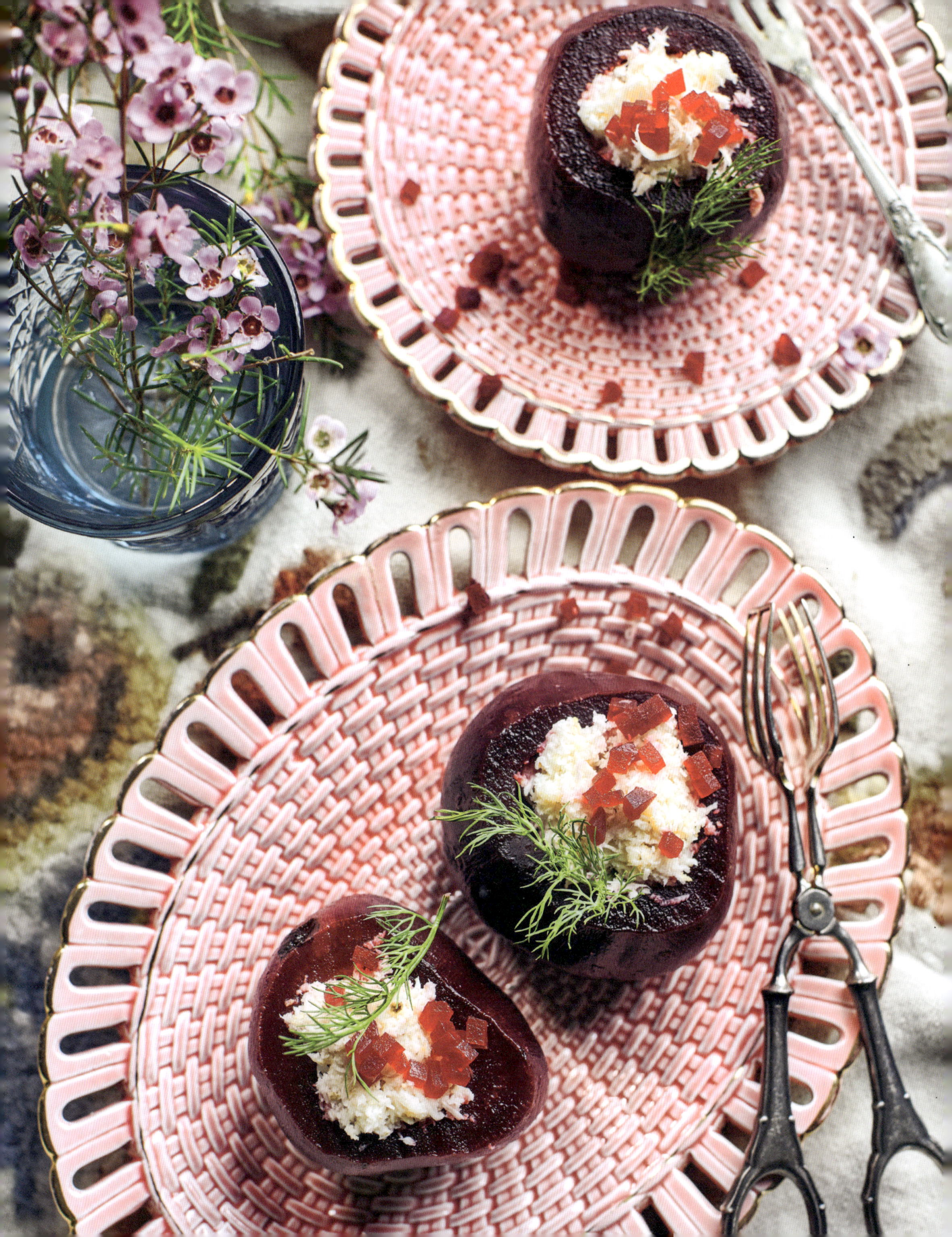

CREME DE CIUPERCI (RO)

PILZSUPPE

Zutaten

Für 10–12 Portionen
1 kg Champignons
Thymian
Salz
schwarzer Pfeffer
250 g Zwiebeln
2 Knoblauchzehen
200 g Mehl
350 ml Pflanzenöl
Petersilie
Piment
2 ½ l Gemüsebrühe
Walnussöl

Zubereitung

Putzen Sie die Pilze trocken, indem Sie sie vorsichtig einzeln schälen, unter einem Wasserstrahl abspülen und mit einem Papiertuch abtrocknen. Tauchen Sie sie nicht länger als ein paar Sekunden unter Wasser, da sie sonst Wasser aufnehmen, was das Kochen erschwert. Anschließend in feine Scheiben schneiden.

Braten Sie die Pilze zunächst in einer heißen Pfanne mit etwas Öl und Thymian an. Die Pfanne nicht zu voll machen. Sie sollten so lange rösten, bis eine schöne Röstfarbe zu sehen ist. Die Temperatur ist entscheidend, denn sie sollen rösten und nicht kochen. Leider neigen Pilze dazu, sehr leicht Wasser abzugeben, deshalb brauchen Sie eine hohe Temperatur, Platz in der Pfanne und kein Salz auf den Pilzen.

Fangen Sie die gebratenen Pilze in einer Schüssel auf, würzen Sie sie mit Salz und Pfeffer und lassen Sie sie ein paar Stunden lang abkühlen. Der Saft, der aus den Pilzen austritt, gibt der Suppe einen wunderbaren Geschmack.

Zwiebeln und Knoblauch schälen und fein hacken. Im Suppentopf zunächst die Zwiebeln bei mittlerer Hitze in Öl anbraten. Wenn die ersten Färbungen auftreten, den Knoblauch hinzufügen und weitere 2 Minuten kochen. Erhöhen Sie die Temperatur und fügen Sie das Mehl, Piment und Pfeffer hinzu. Mit den Zwiebeln verrühren und 3 Minuten rösten. Die Pilze mit dem Saft hinzugeben und unter ständigem Rühren die Mehlklumpen auflösen. De Gemüsebrühe hinzufügen verrühren. Die Hitze reduzieren und die Suppe aufkochen lassen. Anschließend mit einem Handmixer cremig rühren. Falls die Suppe zu dickflüssig ist, können Sie 200–300 ml Gemüsebrühe hinzufügen, um die gewünschte Konsistenz zu erreichen.

Noch heiß mit gehackter Petersilie und Walnussöl servieren.

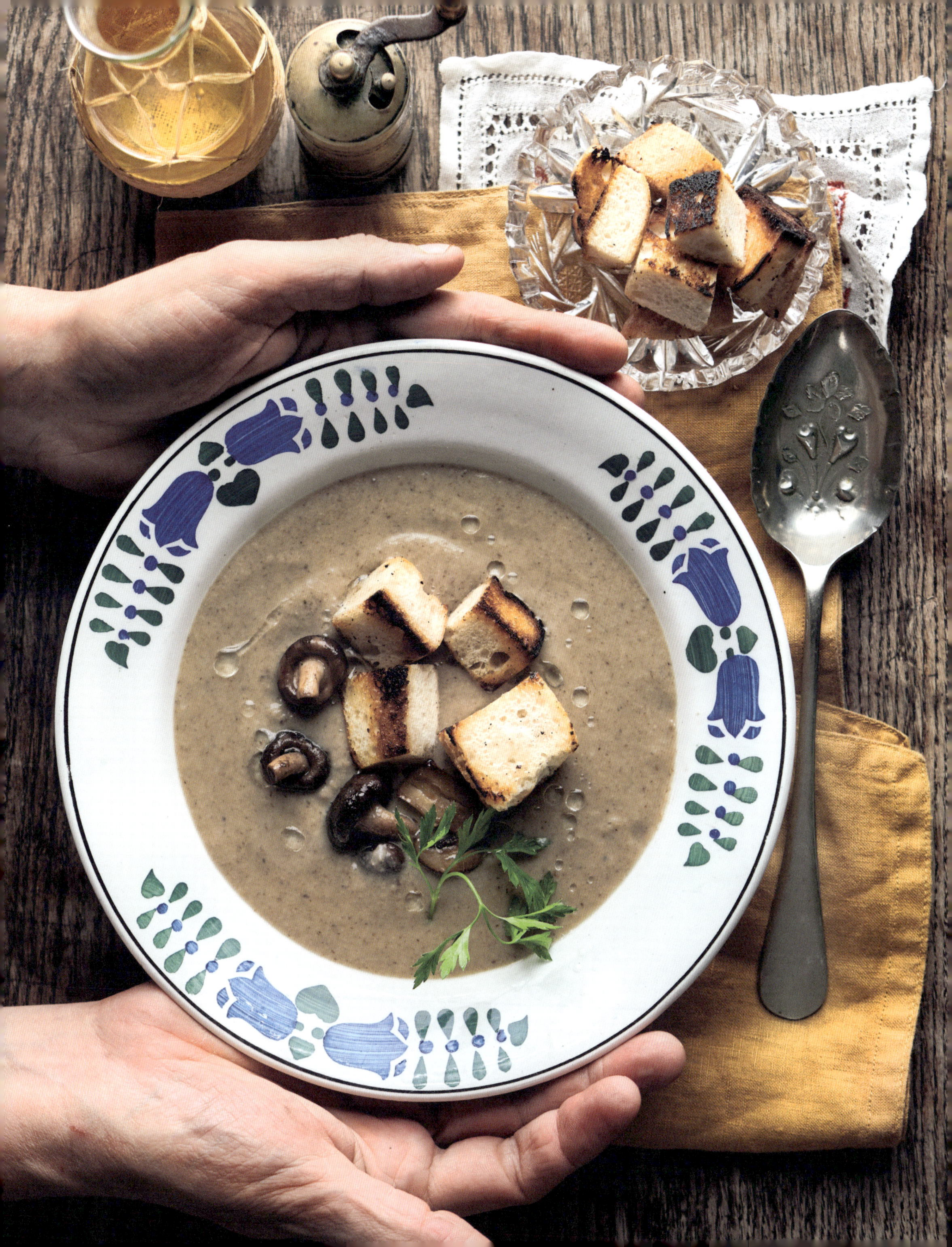

| LOBIANI ADJARAN STYLE |

SOS DE GUTUI

LOBIANI ADJARAN STYLE (GE)
BROT MIT KIDNEYBOHNENFÜLLUNG

Zutaten

Für 6–8 Portionen

Für den Teig:
1 Packung Trockenhefe
Zucker
Mehl (Type 550)
Salz
50 ml Pflanzenöl

Für die Füllung:
2 Zwiebeln
Zucker
500 g Kidneybohnen
2 Lorbeerblätter
100 g vegane Butter
Salz
Petersilie
Pfeffer
Öl

Zubereitung

Für den Hefeteig Trockenhefe, Zucker und 250 ml lauwarmes Wasser in einer Schüssel vermischen. An einem warmen Ort 10–15 Minuten gehen lassen, bis es an der Oberfläche zu schäumen beginnt.

In einer großen Schüssel das Mehl mit dem Salz und dem Hefewasser mischen und zu einem glatten, elastischen Teig verarbeiten. Zum Schluss das Öl unterkneten, dann die Schüssel mit einem Handtuch abdecken und den Teig 2 Stunden an einem warmen Ort gehen lassen.

Die Zwiebeln schälen und in feine Halbringe schneiden. In Öl langsam braten, bis sie weich sind und anfangen, Farbe anzunehmen. Dann 1 Teelöffel Zucker hinzufügen und weitere 10 Minuten köcheln lassen, bis eine schöne Konsistenz erreicht ist.

Die Kidneybohnen in Salzwasser und mit den Lorbeerblättern kochen, bis sie weich sind. Die Bohnen mit einer Gabel zerdrücken, das vegane Fett, die karamellisierten Zwiebel und die gehackte Petersilie unterheben.

Den Teig aus der Schüssel nehmen, auf eine geölte Fläche legen und in 4 Teile teilen. Zu Kugeln formen und 10–15 Minuten ruhen lassen. Auf der geölten Fläche den Teig oval ausrollen und mit den Bohnen füllen, dann die Seiten des Teigs so falten, dass eine Bootsform entsteht..

Im Ofen bei 220 °C (Ober-/Unterhitze) 12–15 Minuten backen. Mit eingelegten Paprikaschoten servieren.

SOS DE GUTUI (MD)
QUITTENSAUCE

Zutaten
Für 6–8 Portionen
2–3 Quitten
2 Zwiebel
5–6 getrocknete Pflaumen
Öl
120 g brauner Zucker
300 ml trockener Weißwein
5 g Piment
3 g Cayennepfeffer
Salz
100 g veganes Fett

Zubereitung
Die Quitten würfeln, die Zwiebeln schälen und fein würfeln, die Pflaumen hacken.

In einem Topf mit dickem Boden die Zwiebeln langsam in etwas Öl karamellisieren, bis sie eine schöne goldene Farbe haben. Dann den Zucker hinzugeben und köcheln, bis der Zucker ebenfalls karamellisiert ist und eine braune Farbe annimmt, ohne dass er anbrennt. In diesem Moment die gewürfelten Quitten hinzufügen und weiter köcheln, bis sie etwas weicher werden.

Mit Weißwein ablöschen und weiter köcheln, bis der Alkohol verdampft ist, die Gewürze hinzufügen und die Flüssigkeit bei geringer Hitze einkochen lassen. Zuletzt die Pflaumen hinzufügen und noch 5 Minuten kochen lassen. Das Ganze heiß pürieren und mit 1 Prise Salz, Cayennepfeffer und geschmolzenem Fett abschmecken, um eine schöne Konsistenz zu erreichen.

| MAMALIGA DE ME |

| BADRIJANI NIGVZIT |

BADRIJANI NIGVZIT (GE)

AUBERGINENRÖLLCHEN GEFÜLLT MIT WALNÜSSEN UND GRANATAPFEL

Zutaten

Für 6 Portionen

200 g Walnusskerne
   (2 Tassen)
4 Knoblauchzehen
1 TL Bockshornklee
1 TL gemahlene Koriander-
   samen
½ TL Cayennepfeffer
Salz
Pfeffer
Granatapfel-Sirup
2 mittelgroße Auberginen
   (italienisch oder kugelförmig)
Öl
Granatapfelkerne,
   zum Garnieren

Zubereitung

Für die Füllung zunächst die Walnüsse, den Knoblauch, die Kerne, das Salz und den Pfeffer in einem Steinmörser zerstoßen. Fügen Sie beim Zerkleinern etwas Wasser hinzu, um die oben genannten Zutaten zu einer Paste zu verarbeiten. Die Paste zum Schluss mit etwas Granatapfelsirup, Salz und Pfeffer abschmecken.

Die Auberginen der Länge nach in ½ cm dicke Scheiben schneiden. Mit Salz würzen und 20–30 Minuten ruhen lassen. Durch das Salz wird das Wasser aus dem Auberginenfleisch gelöst, die Scheiben müssen vor dem Braten mit Papiertüchern abgetrocknet werden.

In einer großen Pfanne etwas Pflanzenöl erhitzen und 2–3 Auberginenscheiben auf einmal auf jeder Seite goldbraun braten. Die gebratenen Scheiben auf Papiertücher legen, um das restliche Öl aufzusaugen.

Zum Schluss eine schöne Schicht der Walnusspaste auf jede Auberginenscheibe geben und mit einem Zahnstocher leicht feststecken.

Mit Granatapfelkernen garnieren und etwas Granatapfelsirup über die Röllchen träufeln.

MAMALIGA DE MEI (RO, MD, UA)

HIRSEPOLENTA

Zutaten

Für 4 Portionen
200 g Hirse
500 ml Gemüsebrühe
Öl
Salz

Zubereitung

Die Hirse in einem großen Maische-Sieb unter dem Wasserstrahl waschen, bis das Wasser klar ist. Die Hirse 2–3 Stunden in Wasser einweichen und dann abtropfen lassen. Optional kann die eingeweichte Hirse in einer Küchenmaschine zerkleinert werden.

Die Hirse in Gemüsebrühe kochen, bis sie einzudicken beginnt, dann das Öl hinzufügen und mit Salz abschmecken.

Warm als Beilage oder kalt als Brotersatz servieren.

BULZ VEGAN (RO, MD)

POLENTABÄLLCHEN MIT PILZFÜLLUNG

Zutaten

Für 6 Portionen
200 g Maismehl
2 Zwiebeln
3 Knoblauchzehen
100 ml Öl
2 rote Paprika
500 g Austernpilze
Thymian
Oregano
Petersilie
200 ml Tomatensaft
Salz
schwarzer Pfeffer

Zubereitung

700 ml Wasser zum Kochen bringen. Das Maismehl in das Wasser einrieseln lassen, dabei umrühren, damit keine Klumpen entstehen. Die Polenta während des Aufkochens ständig umrühren, bis die Konsistenz dick genug ist und nicht mehr spritzt. So lange kochen, bis sich die Polenta von den Topfwänden zu lösen beginnt. Auf einen Teller streichen und abkühlen lassen.

Währenddessen mit der Zubereitung der Pilzsauce beginnen. Zuerst die Zwiebeln und den Knoblauch schälen, fein hacken und in Öl anschwitzen, bis sie weich und glasig sind. Die gewürfelte Paprika, die gewürfelten Austernpilze und die Kräuter zu den Zwiebeln geben und kochen, bis die Paprika gar sind. Zum Schluss mit dem Tomatensaft aufgießen und kochen lassen, bis die Flüssigkeit eingekocht und die Konsistenz schön dick ist.

Nehmen Sie eine Handvoll Polenta und formen Sie einen flachen runden Fladen, in den Sie 2 Löffel der Gemüsefüllung geben und zu einer Kugel rollen, wobei Sie darauf achten, dass die Löcher bedeckt sind. Die Polentakugel auf dem Grill oder im Ofen garen, bis die Außenseite zu rösten beginnt und sich eine goldene Kruste bildet.

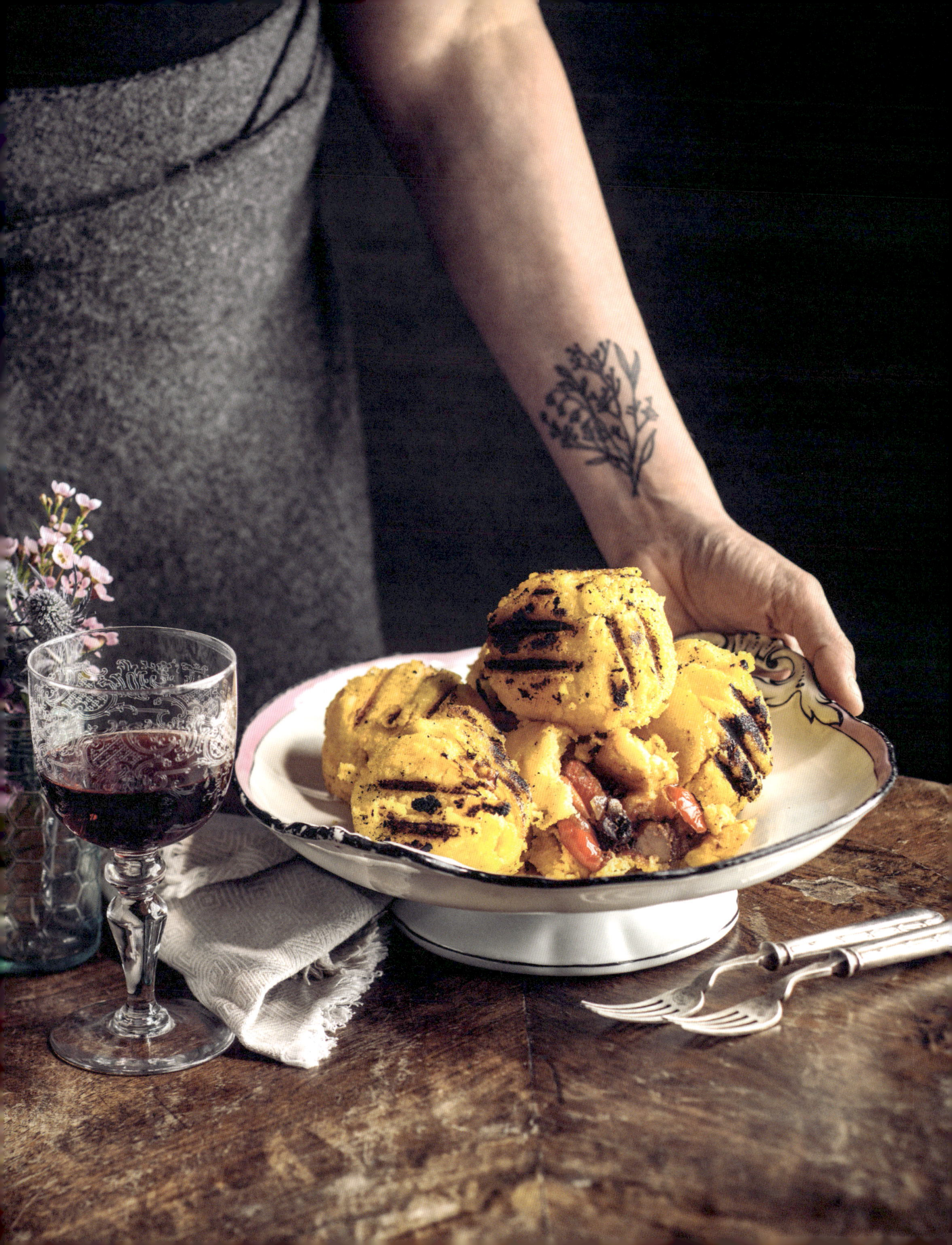

DULCEATA DE PRUNE (RO)

GEBRATENE ZWETSCHGENMARMELADE

Zutaten

Für 4 Portionen

3 kg harte Zwetschgen
Salz
500 g Zucker
10 Nelken
200 g Walnusskerne

Außerdem

5–6 Gläser (400 ml), 10 Minuten lang im Ofen sterilisiert

Zubereitung

Waschen Sie die Zwetschgen und wählen Sie nur die Gesunden aus. Schneiden Sie sie in Hälften und entfernen Sie die Steine. Die Zwetschgen, 1 Prise Salz, den Zucker und die Nelken in einem ofenfesten Topf oder einem Blech mischen, das groß genug ist, um alle Zutaten aufzunehmen. Im Ofen bei 120 °C (Ober-/Unterhitze) 1 Stunde backen. Kontrollieren Sie, ob die Zwetschgen gar sind, achten Sie darauf, dass sie nicht verbrennen.

100 ml Wasser und die in grobe Stücke gebrochenen Walnüsse hinzufügen und vorsichtig mischen, dabei die Früchte möglichst nicht zerdrücken. 1 weitere Stunde kochen, bis die Pflaumen ganz durchgekocht sind.

Die Konfitüre in die Gläser füllen, die Gläser verschließen und mit einer Decke abgedeckt sehr langsam abkühlen lassen.

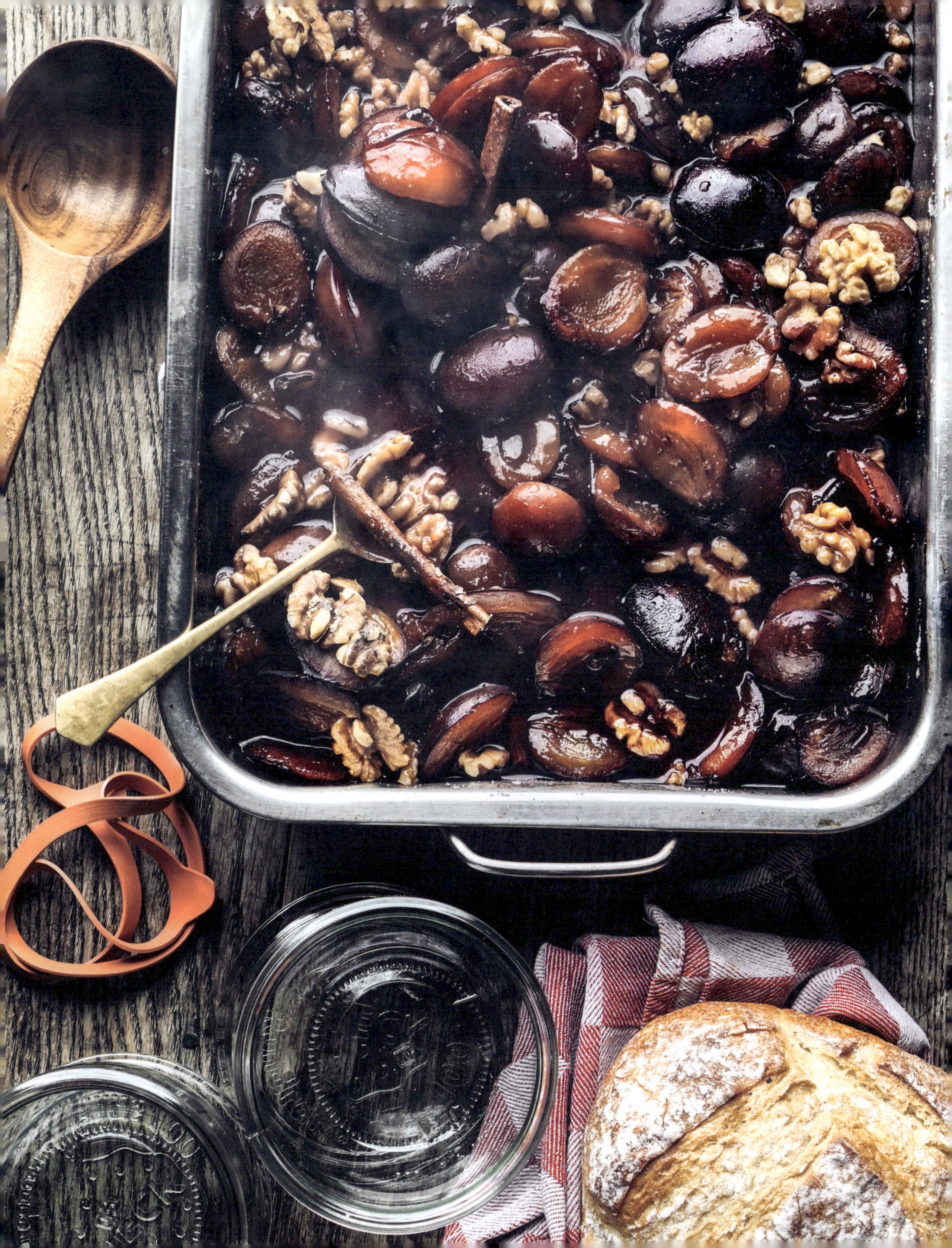

| ARDEI UMPLUTI CU FASOLE |

| CONOPIDA CU PESMET |

CONOPIDA CU PESMET (RO)

BLUMENKOHL MIT SEMMELBRÖSELN

Zutaten

Für 4 Portionen
1 großer Blumenkohl
Salz
Semmelbrösel
schwarzer Pfeffer
Muskatnuss
Olivenöl

Zubereitung

Den Blumenkohl in kleine Röschen zerteilen. In einer Schüssel mit kaltem Wasser und Salz waschen.

In einem großen Topf Wasser zum Kochen bringen, Salz hinzufügen. Wenn das Wasser kocht, die Blumenkohlröschen hineingeben und 8 Minuten kochen lassen. Den Blumenkohl aus dem kochenden Wasser nehmen und sofort in Eiswasser abkühlen.

Eine Pfanne auf mittlerer Hitze erwärmen und die Semmelbrösel rösten, dabei immer wieder umrühren, damit sie eine gleichmäßige Farbe bekommen und nicht anbrennen. In eine Schüssel geben und abkühlen lassen.

Den Blumenkohl aus dem kalten Wasser nehmen, abtropfen lassen und die Röschen in einer ausreichend großen Pfanne oder Topf mit Salz, Pfeffer, Muskatnuss und Olivenöl aufwärmen. Vorsichtig umrühren, damit die Blumenkohlstücke mit Öl und Gewürzen bedeckt sind, aber intakt bleiben. Warm servieren und großzügig mit gerösteten Semmelbröseln bestreuen.

ARDEI UMPLUTI (MD)

MIT BOHNEN GEFÜLLTE PAPRIKA

Zutaten

Für 4 Portionen

300 g trockene Bohnen
Salz
1 EL schwarze Pfefferkörner
3 Lorbeerblätter
2 Zwiebeln
2 Möhren
3 Selleriestangen
1 EL Tomatenmark
1 EL süßes Paprikapulver
Bohnenkraut
1 Dose Tomaten
4 große grüne Paprika
Olivenöl
schwarzer Pfeffer
Petersilie

Zubereitung

Die Bohnen mindestens 12 Stunden in kaltem Wasser einweichen, abgießen und vor dem Kochen abspülen.

Die Bohnen mit Salz, Pfefferkörnern und Lorbeerblättern kochen, bis sie vollständig gar sind. Zwiebeln, Möhren und Sellerie schälen und fein würfeln, dann in Öl anbraten, bis die Zwiebeln glasig sind. Tomatenmark, Paprika und Bohnenkraut hinzufügen und 3–4 Minuten kochen. Die Bohnen, die Hälfte der Dosentomaten und 100 ml Wasser zum Ablöschen hinzugeben. Noch einmal aufkochen, bis das Gemüse gar ist. Mit Salz und Pfeffer würzen.

In der Zwischenzeit die Paprikaschoten halbieren und die Kerne und die weißen Häutchen entfernen. Die Paprika mit den Bohnen füllen und in eine ofenfeste Form legen, etwas Öl und die restlichen Dosentomaten dazugeben.

Im Backofen 20–30 Minuten bei 180 °C (Ober-/Unterhitze) garen, etwas Wasser hinzufügen, falls sie zu trocken werden. Mit viel gehackter Petersilie und einem Stück Polenta daneben servieren.

GAMULA (UA)

APFEL-HAFERFLOCKEN-DESSERT

Zutaten

Für 4 Portionen
1 kg Äpfel
Salbei, nach Belieben
50 g Mehl
10 g Zucker oder
 20 g Agavendicksaft
Salz
Trockenfrüchte, Nüsse, Zimt,
 Vanille, nach Belieben

Zubereitung

Die Äpfel schälen, vierteln und das Kerngehäuse entfernen. Auf einem mit Backpapier ausgelegten Blech bei 160 °C (Ober-/Unterhitze) im Ofen garen, bis die Äpfel sehr weich sind. Salbei kann mit auf das Blech gegeben werden, er passt überraschend gut dazu.

In einer großen Schüssel die Äpfel, das Mehl, den Zucker und 1 Prise Salz mischen, bis alles eingearbeitet ist. Sie können einen Stabmixer oder eine Gabel verwenden, um eine cremigere oder stückigere Konsistenz zu erhalten.

Traditionell gibt es keine anderen Zutaten, aber für die Optik und eine Geschmacksvariante können Sie Trockenfrüchte, alle Arten von Nüssen, Zimt und Vanille hinzufügen.

Die Masse in eine Keramikform geben und 30 Minuten bei 180 °C (Ober-/Unterhitze) backen, bis sich eine schöne Kruste gebildet hat. Sofort heiß servieren.

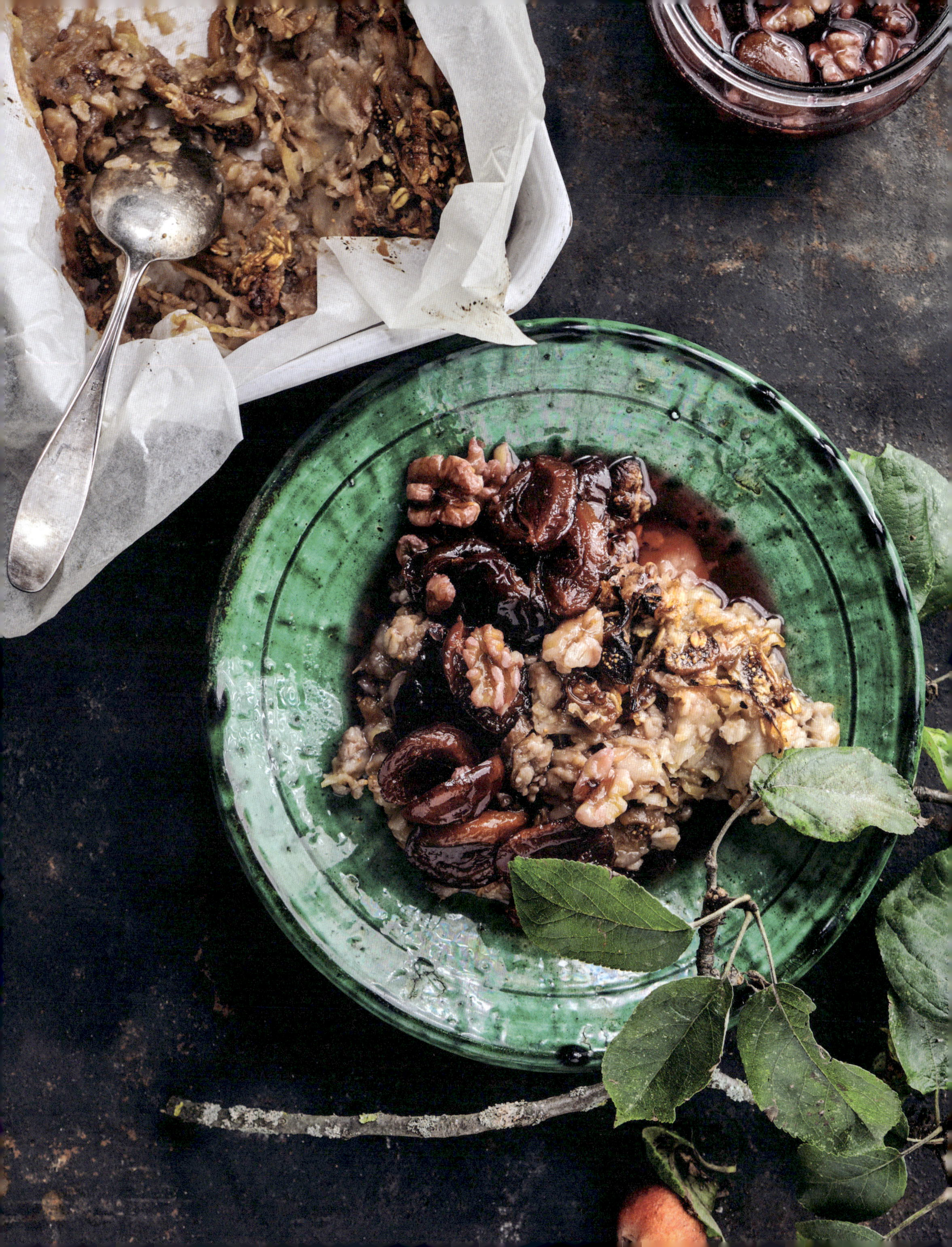

ZACUSCA

DULCEATA DE GUTUI

| CIUPERCI CU USTUROI |

ZACUSCA (RO)

BROTAUFSTRICH AUS GEMÜSE UND PILZEN

Zutaten

Für 6 Gläser
1 kg Zwiebeln
6 Knoblauchzehen
1 kg rote Paprika
1 kg Tomaten
1 kg Möhren
2 kg Waldpilze
4–5 Lorbeerblätter
20 g schwarze Pfefferkörner
Salz
600 ml Sonnenblumenöl

Zubereitung

Zwiebeln und Knoblauch schälen. Die Hälfte der Zwiebeln vierteln, die andere Hälfte fein hacken. Die Paprikaschoten vierteln, die Kerne entfernen. Die Tomaten in Viertel schneiden.

Paprika, geviertelte Zwiebeln und Tomaten, die Hälfte des Knoblauchs, Salz und 100 ml Öl in eine große Auflaufform geben und 20 Minuten bei 200 °C (Ober-/Unterhitze) im Ofen rösten. Abgießen, die Flüssigkeit auffangen und abkühlen lassen.

In der Zwischenzeit die Möhren schälen und grob raspeln. In einen großen Topf 500 ml Öl, die gehackten Zwiebeln und die geraspelten Möhren geben und bei mittlerer Hitze unter Rühren anbraten.

Die Pilze säubern, in mittelgroße Stücke schneiden und in den Topf dazugeben. Alle Zutaten mischen, den restlichen, gehackten Knoblauch, Lorbeerblätter, Pfefferkörner und 40 g Salz hinzufügen.

Zuletzt werden die gerösteten Paprika, Zwiebeln und Tomaten mit einem Fleischwolf zerkleinert und zusammen mit dem Bratsaft in den Kochtopf gegeben. Nun alles auf kleiner Flamme 2–3 Stunden köcheln lassen oder bis sich das Öl von der Zacusca trennt.

Sterilisieren Sie 6 Gläser (400 ml) im Backofen und füllen Sie die Zacusca in die Gläser, verschließen Sie die Gläser fest und lassen Sie sie abkühlen.

CIUPERCI CU USTUROI (RO)

SCHNELL EINGELEGTE CHAMPIGNON-VORSPEISE

Zutaten

Für 4 Portionen

1 kg Champignons (kleinstmöglich)
10–15 Knoblauchzehen
Lorbeerblätter
schwarze Pfefferkörner
Thymian, Rosmarin, Wacholderkörner, Piment
100 ml Pflanzenöl
200 ml trockener Weißwein
200 ml Weißweinessig
Salz
Olivenöl
Petersilie

Zubereitung

Die Pilze mit einer kleinen Bürste säubern, um die Erdreste zu entfernen. Waschen Sie die Pilze nicht, da sie dazu neigen, Wasser aufzusaugen.

Den Knoblauch schälen und fein hacken. In einem mittelgroßen Topf den Knoblauch, alle Gewürze und Kräuter 1–2 Minuten lang in Pflanzenöl bei starker Hitze anbraten. Wenn sich die Aromen zu lösen beginnen, die Pilze hinzufügen und 3 Minuten unter ständigem Rühren braten.

Mit Weißwein ablöschen und kochen, bis der Alkohol verdunstet ist. 2 Liter Wasser, Essig und 40 g Salz hinzufügen und 20 Minuten bei starker Hitze kochen lassen. In der Flüssigkeit abkühlen lassen, dann die Pilze abgießen. Mit Olivenöl und gehackter Petersilie beträufeln und als Vorspeise servieren.

DULCEATA DE GUTUI (RO)

QUITTENMARMELADE (JURCOVAN)

Zutaten
Für 4 Gläser
1 kg Quitten
1 kg Zucker
1 Zitrone
4–5 Nelken
Vanille

Zubereitung
Die Quitten von der Schale befreien, vierteln und die Kerne und das holzige Kerngehäuse entfernen. Jedes Viertel nochmals der Länge nach in 1 cm breite Scheiben schneiden. Die Schalen und Kerne 30 Minuten lang in Wasser kochen, um das Aroma und die Pektine zu extrahieren. Anschließend die Schalen und Kerne entfernen.

500 ml des Wassers mit 1 kg Zucker, dem Saft einer Zitrone, Nelken und der Vanille zu einem Sirup ansetzen. Den Sirup auf kleiner Flamme kochen, um ein Karamellisieren des Zuckers zu vermeiden. Wenn der Sirup zu sprudeln beginnt, die Früchte hinzufügen und 1 Stunde bei niedriger Hitze kochen, damit das natürliche Pektin zu gelieren beginnt.

Die Marmelade in sterilisierte Gläser füllen, die Gläser verschließen und abkühlen lassen.

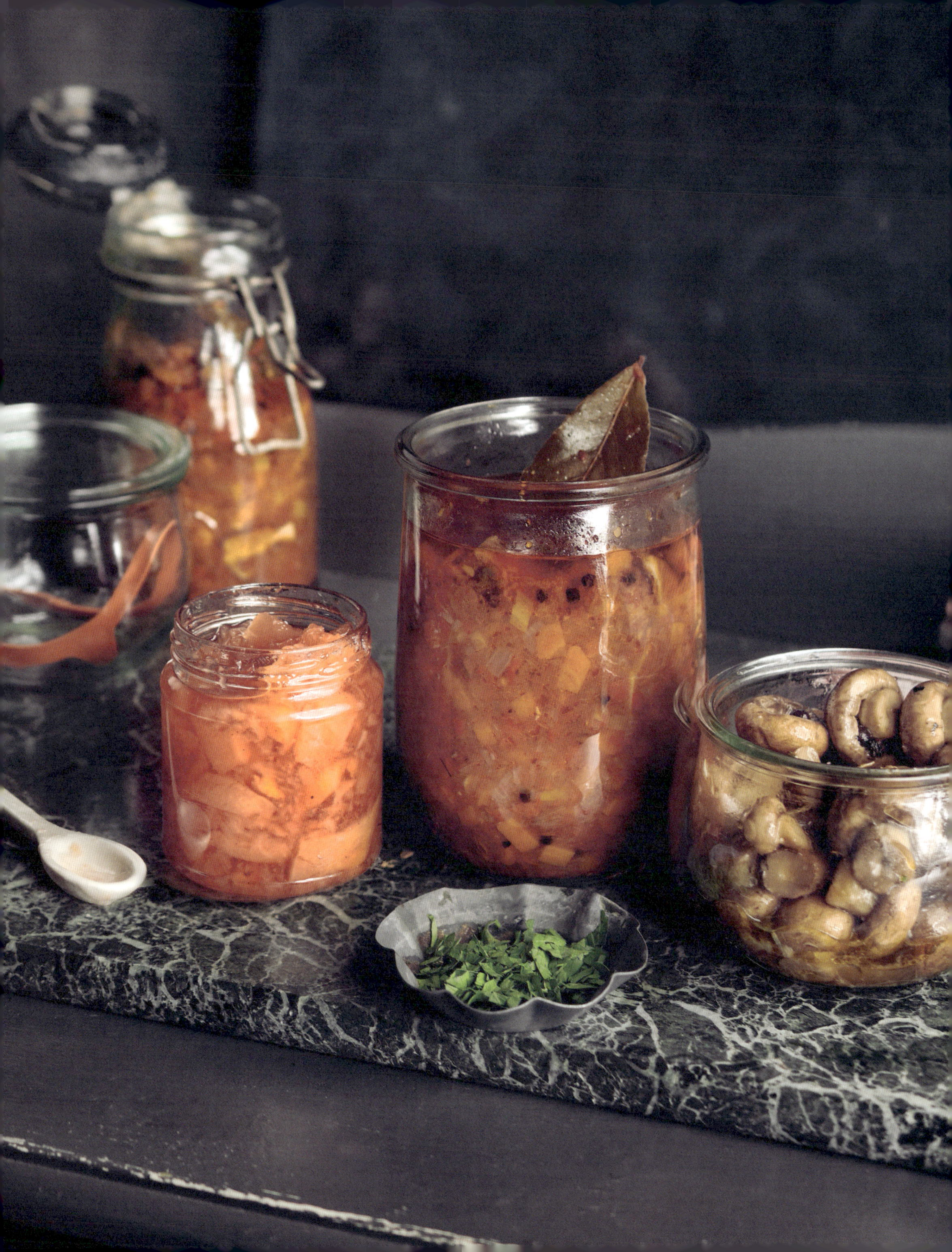

CIORBA DE FASOLE (RO)

SAURE SUPPE AUS TROCKENEN BOHNEN MIT HOPFENAUFGUSS

Zutaten

Für 8 Portionen

500 g trockene weiße Bohnen
Salz
25 g Natron
2 Zwiebeln
2 Möhren
2 Stangensellerie
2 kleine rote Paprika
Öl
100 g Tomatenmark
Lorbeerblätter
Bohnenkraut
schwarzer Pfeffer
2 l Gemüsebrühe
20 frische Hopfenblüten oder ½ Tasse trockene Hopfenblüten
3–4 EL Estragon-Essig

Zubereitung

Die Bohnen über Nacht in Wasser einweichen. Die Bohnen abgießen und mit 1 Prise Salz und Natron kochen.

In der Zwischenzeit die Zwiebeln und die Möhren schälen und fein hacken. Den Sellerie putzen und fein hacken, die Paprika halbieren und von den Kernen und den weißen Trennhäutchen befreien, dann in Stücke schneiden.

Wenn die Bohnen fast gar sind, kochen Sie die Basis der Suppe. Dazu die Zwiebeln, Möhren, den Sellerie und die Paprika in etwas Öl anschwitzen, bis die Zwiebeln weich und glasig sind. Tomatenmark, Lorbeerblätter, Bohnenkraut, Salz und Pfeffer hinzugeben und 3–4 Minuten kochen, dabei umrühren, damit das gesamte Gemüse mit dem Tomatenmark benetzt ist.

Zum Schluss die Bohnen und die Gemüsebrühe dazugeben und zum Kochen bringen. 1 Stunde köcheln lassen. In den letzten 15 Minuten die Hopfenblüten und den Essig zugeben.

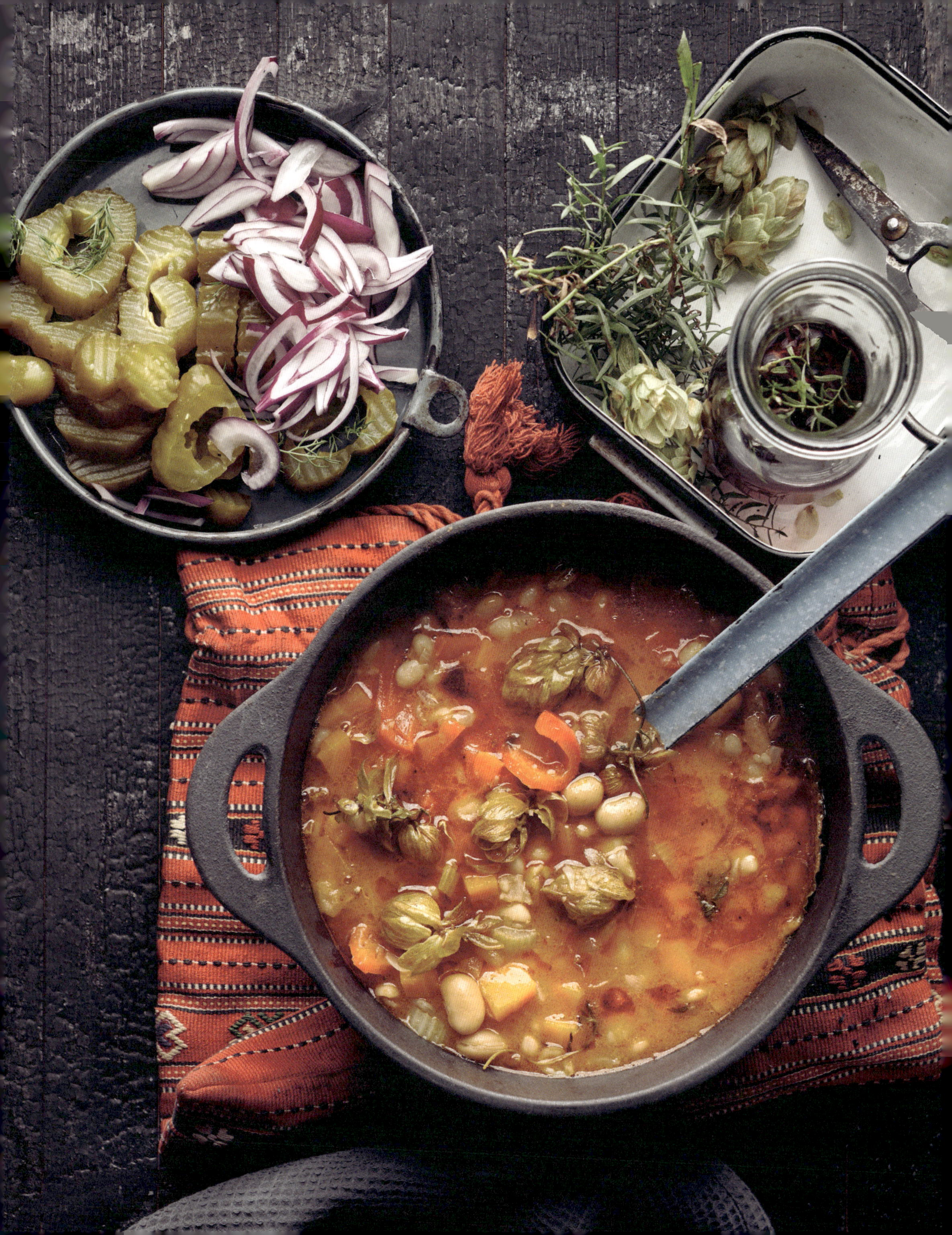

STRUDEL DOVLEAC (RO)

KÜRBIS-STRUDEL

Zutaten

Für 12–16 Portionen

700 g Kürbis, geschält und gerieben
100 g Zucker
½ TL Zimt
½ TL Muskatnuss
1 Päckchen Vanillezucker
Salz
150 g veganes Fett
1 Packung Yufka-Teig
Puderzucker

Zubereitung

Den Kürbis schälen, das Fruchtfleisch in eine großen Schüssel raspeln und mit dem Zucker und den Gewürzen mischen.

In einer Pfanne mit schwerem Boden die Hälfte des Fettes schmelzen und etwa die Hälfte der Kürbismischung darin anschwitzen. Gerade so lange kochen, dass der Kürbis weich wird, aber noch nicht ganz durchgebraten ist. Wenn Sie ihn zu lange kochen, wird die Füllung zu einem Brei. Abkühlen lassen, dann mit dem restlichen Kürbis mischen.

Die Yufka-Teigblätter ausrollen. Das erste Blatt abtrennen, auf die Arbeitsfläche legen und mit geschmolzenem Fett einpinseln, dies mit 3–4 Teigblättern wiederholen. Die Füllung mit einem Löffel auf die Teigblätter geben und einrollen. Je ein Drittel der Füllung für einen Strudel verwenden.

Schließlich ergeben sich 3 Rollen, diese auf ein mit Backpapier ausgelegtes Backblech legen und bei 180 °C (Ober-/Unterhitze) 20 Minuten im Ofen backen. Warm oder kalt mit viel Puderzucker bestreut servieren.

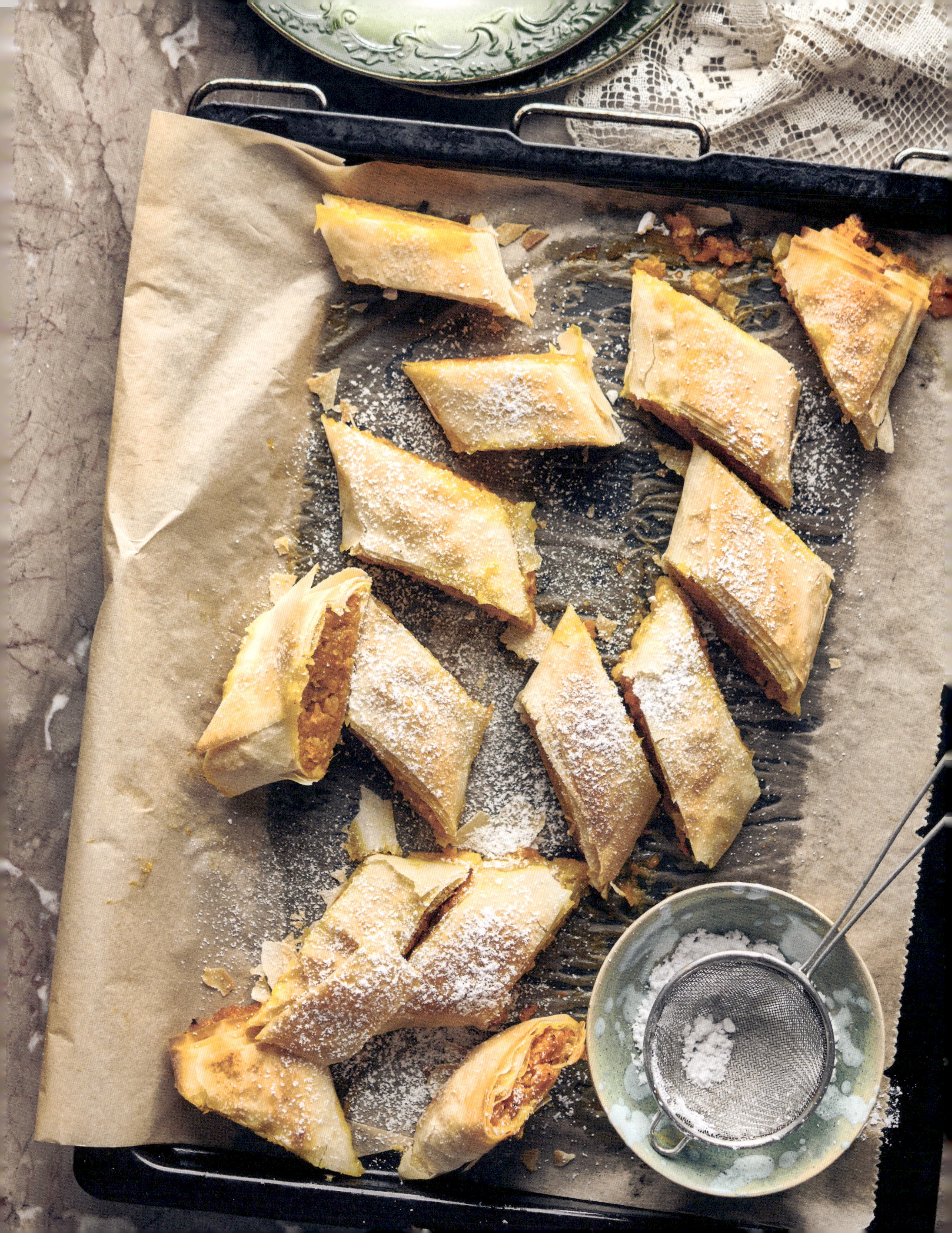

CHARKHLIS SALATI (GE)
ROTE-BETE-SALAT MIT TKEMALI-PFLAUMENSAUCE

Zutaten

Für 4 Portionen

Für die Tkemali-Sauce:
500 g harte, ungeschälte Pflaumen
3 g Anis
2 Knoblauchzehen
10 g Salz
5 g getrockneter Koriander
10 g frische Korianderblätter
5 g getrockneter scharfer roter Pfeffer

Für den Salat:
500 g vorgekochte Rote Bete
100 ml Kirsch- oder Cranberrysaft
3 Knoblauchzehen
½ Bund Schnittlauch, gehackt
1 Bund Koriander, gehackt
Minze, nach Belieben
100 g Walnusskerne, gehackt
Kerne von ½ Granatapfel
Pfeffer
Salz
Olivenöl

Zubereitung

Für die Sauce zunächst die Pflaumen mit 100 ml Wasser, Anissamen und den gehackten Knoblauch kochen. Abgießen und den Saft auffangen. Alles durch ein Sieb streichen und dabei die Pflaumenhäute beiseitelegen.

Das pürierte Fruchtfleisch, die Hälfte des Saftes, die Gewürze und das Salz hinzugeben und kochen, bis die gewünschte Konsistenz erreicht ist.

Während die Sauce abkühlt, die Rote Bete in Scheiben oder Würfel schneiden. In einer großen Schüssel alle Zutaten einschließlich der Sauce, des Saftes und des Öls miteinander vermengen. Kalt aus dem Kühlschrank servieren.

| Tipp |

Wenn die Pflaumen besonders sauer sind, können bis zu 10 g Zucker hinzugefügt werden.

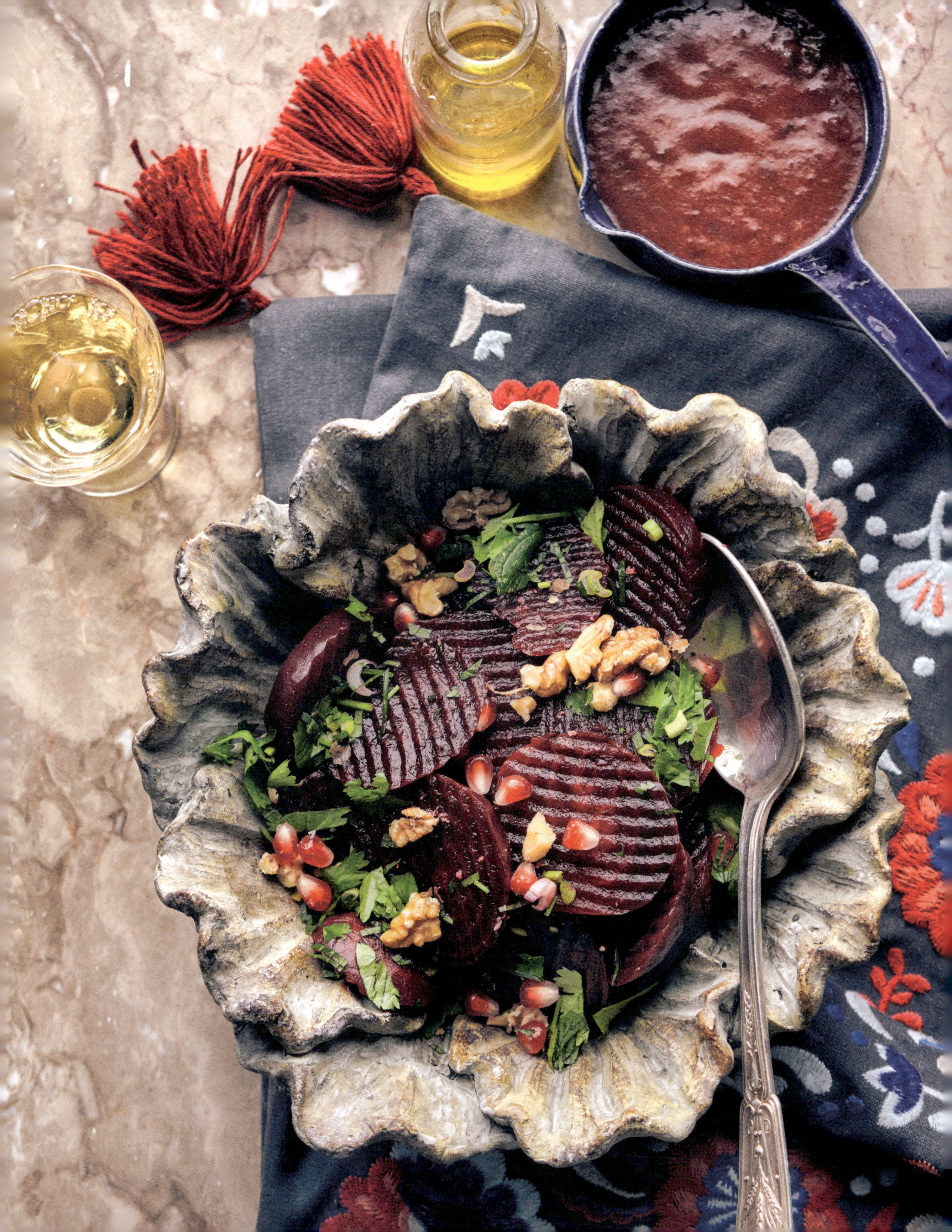

TOGMAGI CU CIUPERCI (MD)

HAUSGEMACHTE NUDELN MIT WALDPILZEN

Zutaten

Für 4 Portionen

200 g Mehl (Type 550)

200 g Semola

10 g Salz

1 kg Waldpilze nach Wahl

100 ml Olivenöl

2 Knoblauchzehen

100 ml Weißwein

Salz

schwarzer Pfeffer

frische Petersilie

Zubereitung

Für die Nudeln das Mehl auf einer Arbeitsfläche mischen, in der Mitte eine kleine Vertiefung eindrücken. 150 ml Wasser hinzufügen und kneten, bis der Teig glatt und homogen ist. Mit einem Handtuch abgedeckt 30 Minuten ruhen lassen.

Den Teig in 4 Teile teilen und so dünn wie möglich ausrollen. Die Nudelblätter auf einem Küchentuch 45–60 Minuten trocknen lassen.

Schneiden Sie die Nudeln in die gewünschten Dicke und bestreuen Sie sie mit Mehl, damit sie nicht aneinander kleben. Weiter trocknen lassen, bis die Pilze fertig sind.

Die Pilze putzen und in große Stücke schneiden. Eine Pfanne mit dem Öl bis zum Rauchpunkt erhitzen. Den Knoblauch schälen, fein hacken und in die Pfanne geben. Sofort auch die Pilze dazugeben und mischen, bis alles mit Öl bedeckt ist. Bei starker Hitze 5 Minuten braten, dann mit Weißwein ablöschen, mit Salz und Pfeffer würzen.

In der Zwischenzeit in einem großen Topf Wasser zum Kochen bringen, Salz hinzufügen (das Geheimnis aller Nudeln ist viel Wasser und ausreichend Salz) und die Nudeln 1–2 Minuten in das kochende Wasser geben. Die Nudeln dann abgießen und in die Pilzpfanne geben. Weitere 2 Minuten kochen, dann mit fein gehackter Petersilie bestreut heiß genießen.

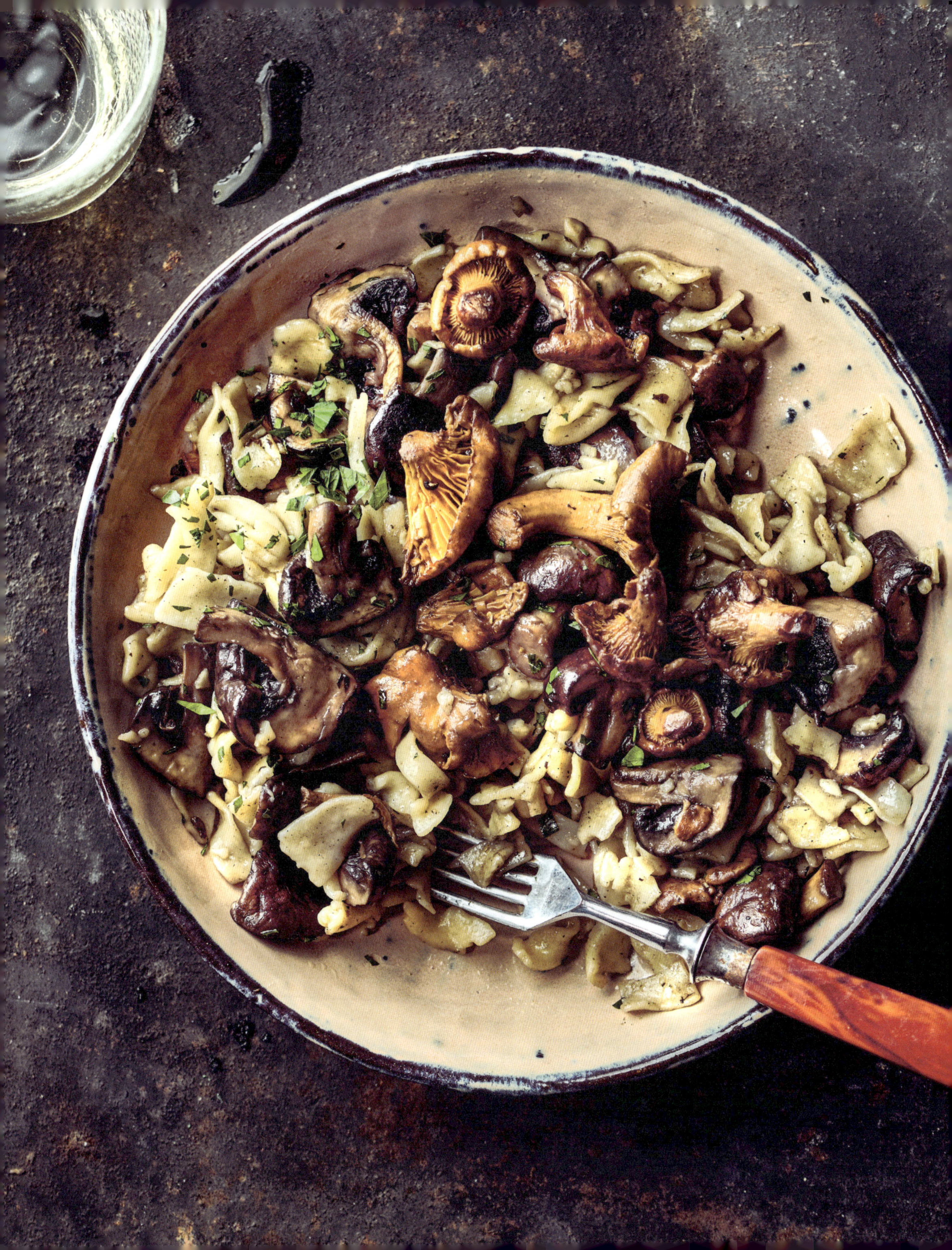

SALATA DE FASOLE BOABE (RO)

TROCKENBOHNENSALAT MIT ROTEN ZWIEBELN

Zutaten

Für 4 Portionen

300 g trockene weiße Jumbo-Bohnen
Salz
Lorbeerblätter
schwarze Pfefferkörner
Bohnenkraut
1 TL Natron
300 ml Olivenöl
1 großer Bund Rosmarin
5–6 Knoblauchzehen
300 g rote Zwiebeln
150 ml Rotweinessig
schwarzer Pfeffer
Petersilie

Zubereitung

Die Bohnen über Nacht in kaltem Wasser einweichen. Am nächsten Tag die Bohnen abgießen und in frischem, kaltem Wasser mit Salz, Lorbeerblättern, Pfefferkörnern und Bohnenkraut zum Kochen bringen. Wenn das Wasser zu kochen beginnt, Natron und einen halben Liter kaltes Wasser hinzufügen, um eine übermäßige Schaumbildung zu vermeiden. Wenn die Bohnen vollständig gekocht sind (d. h. weich und leicht zu schälen), unter kaltem Wasser abkühlen und abtropfen lassen.

In der Zwischenzeit den Knoblauch schälen und fein hacken. Das Olivenöl mit dem Rosmarin und Knoblauch aufkochen und abkühlen lassen.

Wenn das Öl abgekühlt ist, die Rosmarinzweige entfernen und die Nadeln abzupfen. Das Öl, die Rosmarinnadeln und den Knoblauch in die Küchenmaschine geben oder mit dem Pürierstab pürieren.

Die Zwiebeln schälen, halbieren und in dünne Halbringe schneiden. In einer Schüssel mit Salz, Pfeffer und Essig mischen. 30 Minuten im Kühlschrank ruhen lassen, dann das Öl-Knoblauch-Rosmarin-Püree hinzufügen. Alles miteinander vermischen, die Bohnen hinzugeben und mit reichlich gehackter Petersilie garniert servieren.

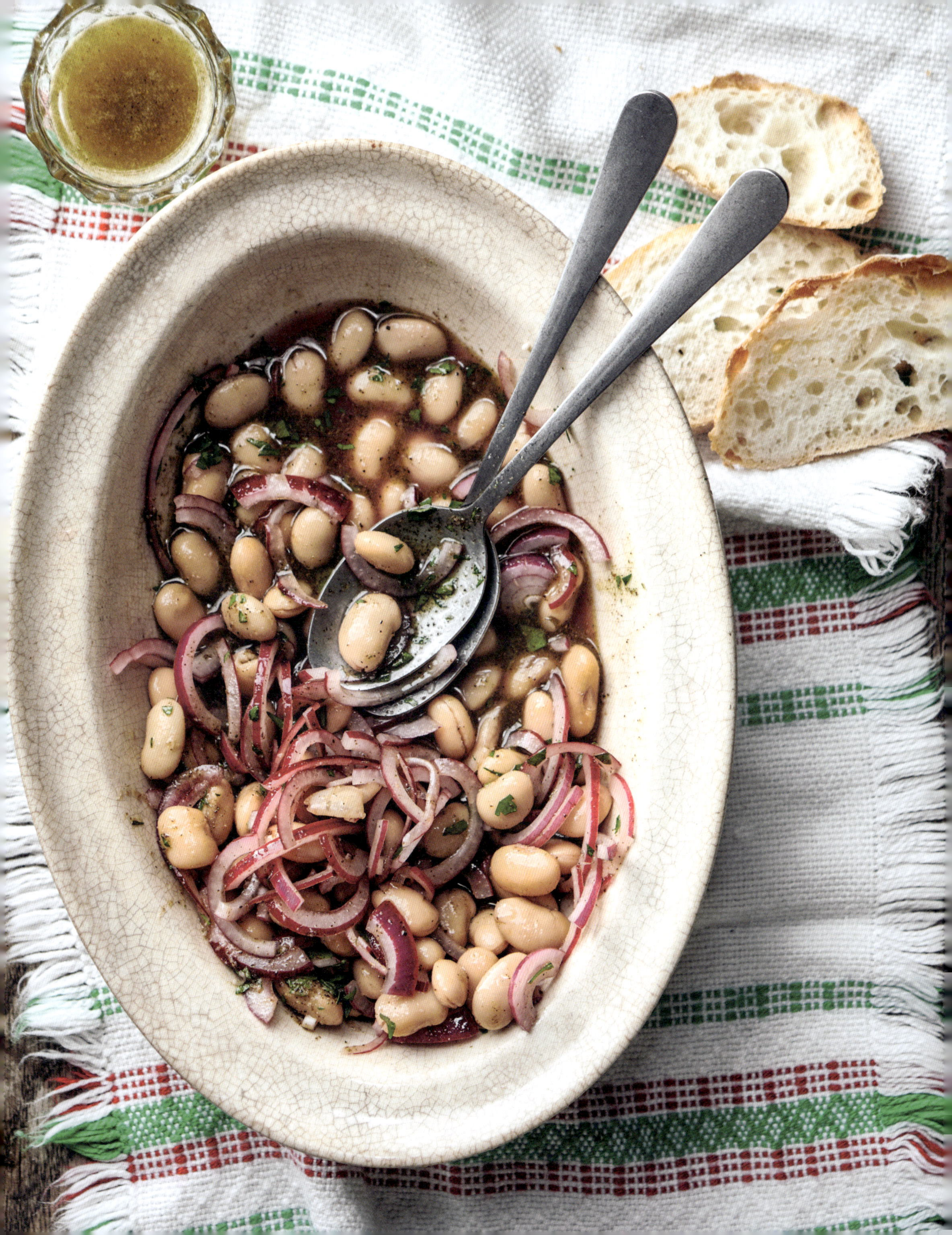

CHISALITA DE PRUNE (RO)

OBSTDESSERT MIT MAISMEHL

Zutaten

Für 4 Portionen

500 g Pflaumen
  (alternativ Sauerkirschen
  oder Aprikosen)
1 Vanilleschote
Salz
100 g Maisgrieß
20 g Speisestärke
100 g Zucker
Zimt
Rum

Zubereitung

Die Früchte waschen und entkernen. Die Vanilleschote auskratzen. In einem Topf die Früchte, das Vanillemark, die -schote und etwas Salz in einem halben Liter Wasser aufkochen. 5 Minuten köcheln lassen, dann die Hitze auf ein Minimum reduzieren. Die Schote herausnehmen, dann den Maisgrieß hinzugeben und gut umrühren. 15 Minuten lang köcheln, bis der Maisgrieß gar ist.

Die Speisestärke in 100 ml Wasser anrühren und zusammen mit dem Zucker, Zimt und Rum in den Früchtegrieß geben. Die Hitze erhöhen und kontinuierlich rühren, bis am Boden der Pfanne Blasen entstehen.

Kalt oder warm servieren, mit gehackten Nüssen und Trockenfrüchten dekorieren.

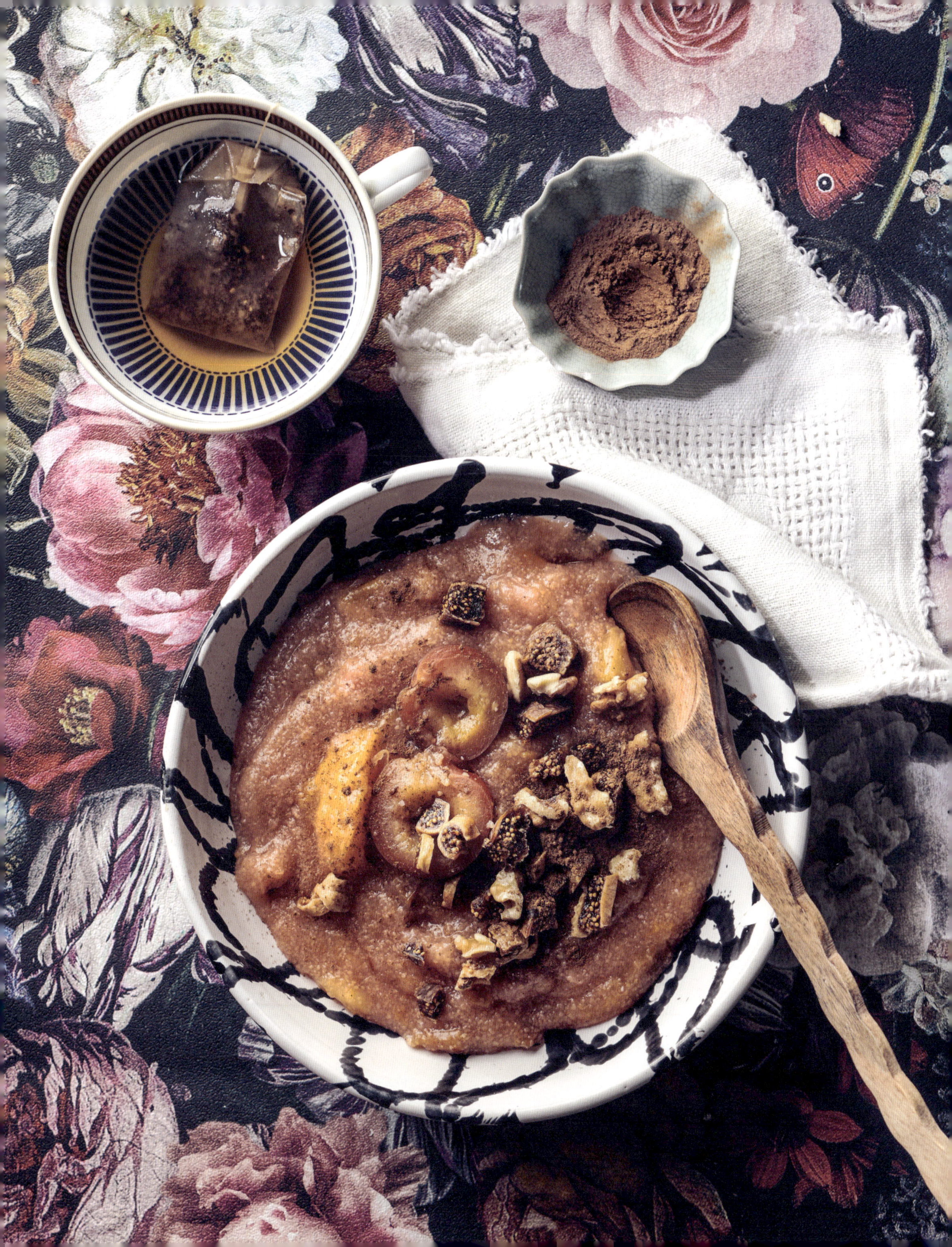

WINTER

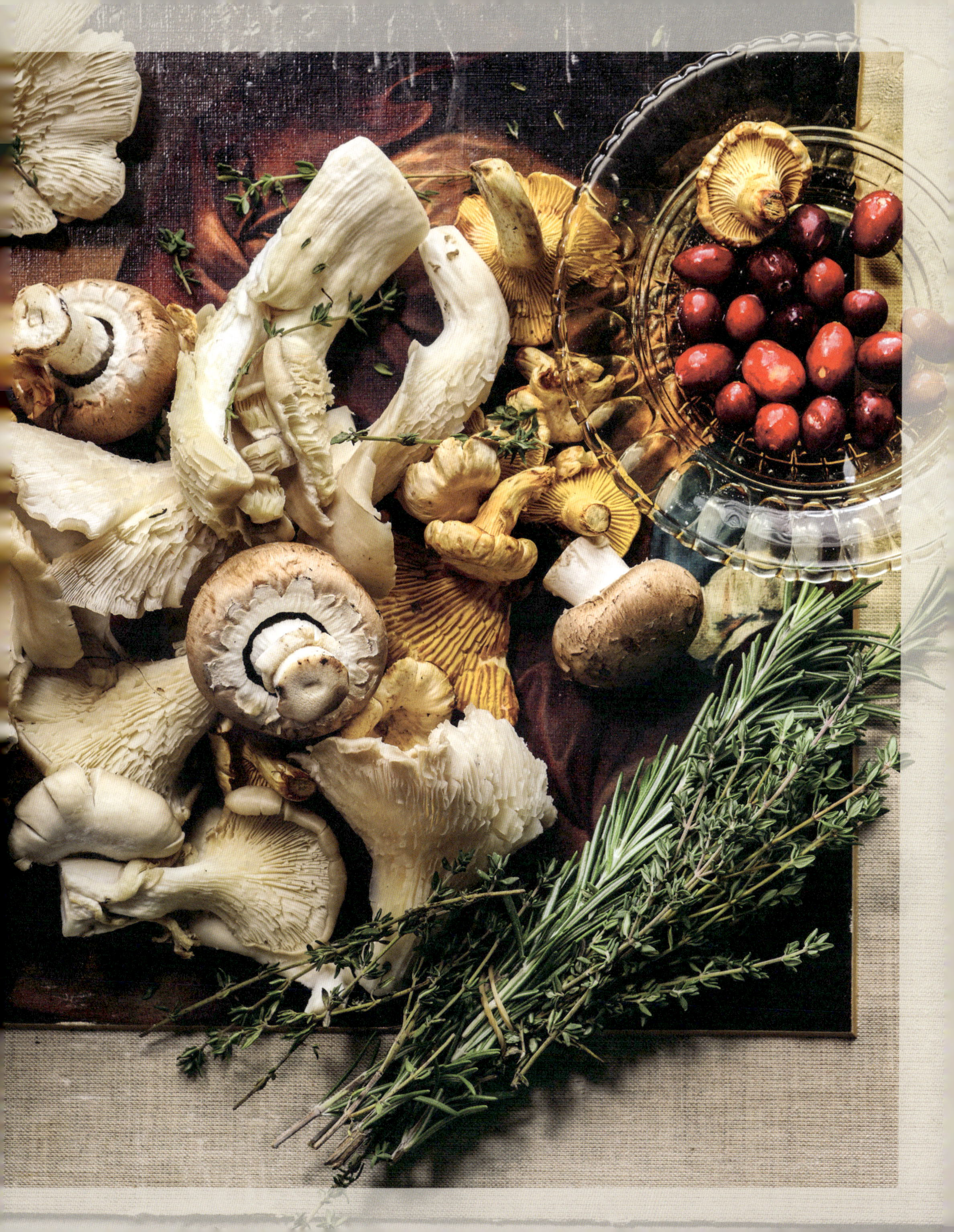

DOVLEAC UMPLUT (RO)
GEFÜLLTER KÜRBIS

Zutaten

Für 8 Portionen

1 großer Muskatkürbis
4 Zwiebeln
5–6 Knoblauchzehen
4 rote Paprika
2 Auberginen
2 Zucchini
1 kleiner Blumenkohl
200 g grüne Erbsen
2–3 Stangen Staudensellerie
5 Tomaten
Oregano, Thymian, Rosmarin, Majoran, Salbei
Salz, Pfeffer
geräuchertes Paprikapulver, Kreuzkümmel, Nelken, Fenchelsamen, Petersilie und Dill
200 ml Olivenöl

Zubereitung

Schneiden Sie die Oberseite des Kürbisses ab und schaben Sie die Kerne heraus, bis das Innere sauber und fest ist.

Die Zwiebeln und den Knoblauch schälen und in feine Halbringe schneiden bzw. fein hacken. Das Gemüse waschen, putzen und in Stücke schneiden oder würfeln.

Karamellisieren Sie die Zwiebeln, rösten Sie die Paprika, grillen Sie die Aubergine und Zucchini, rösten Sie die Blumenkohlröschen, kochen Sie die Erbsen, dünsten Sie den Sellerie. Frische Kräuter und Gewürze zugeben und mit Salz abschmecken.

Den Backofen auf 200 °C (Ober-/Unterhitze) vorheizen, das gegarte Gemüse, die Tomaten und den Knoblauch in den Kürbis füllen. Sie können das Gemüse mischen oder Schichten aus jeder Gemüsesorte bilden. Zum Schluss das Olivenöl dazugeben und die obere Öffnung mit Kräuterzweigen abdecken.

Den Kürbis im Ofen backen, bis das Kürbisfleisch weich und saftig ist. Anschließend in Scheiben schneiden und mit frisch gehackter Petersilie und Dill bestreut heiß servieren.

| Tipp |

Für die Füllung können Sie jedes beliebige Gemüse hinzufügen, um einen reicheren und vielfältigeren Geschmack zu erzielen. Denken Sie an Fenchel, Topinambur, Bohnen, Pilze. Kochen Sie jedes Gemüse separat, damit es intakt bleibt und den Geschmack behält.

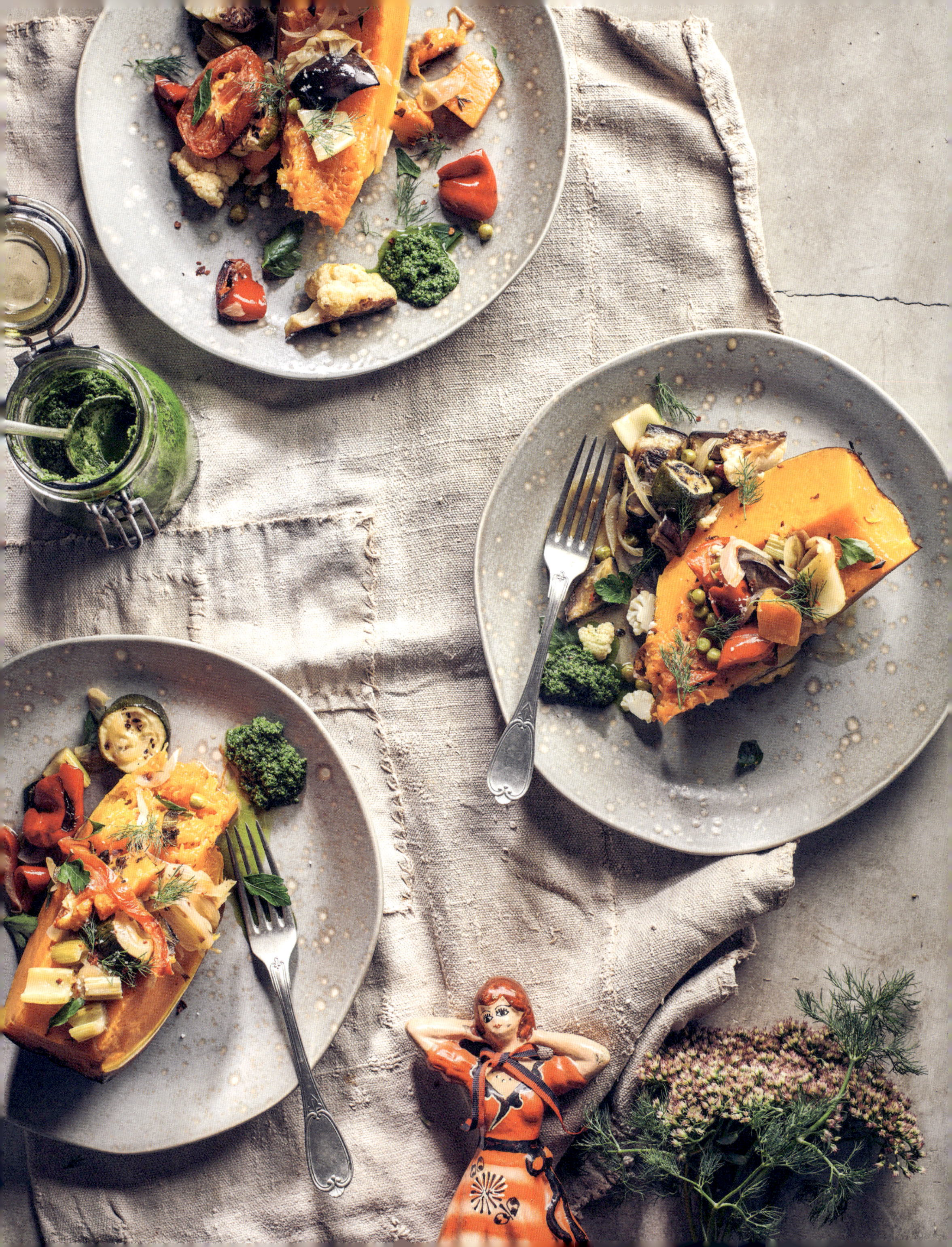

| FASOLE BATUTA |

| FAVA |

FAVA (GR)

DIP AUS SPALTERBSEN

Zutaten

Für 12 Portionen

500 g gelbe Spalterbsen
3 Schalotten
2 Knoblauchzehen
150 g Olivenöl
Thymian
Salz
Pfeffer
Saft von 2 Zitronen
Frühlingszwiebeln, Kapern, Petersilie, nach Belieben

Zubereitung

Die Spalterbsen mit reichlich Wasser abspülen. Die Schalotten und den Knoblauch schälen und fein hacken.

Einen großen Topf bei mittlerer Hitze erhitzen, die Hälfte des Olivenöls, die Zwiebeln, den Knoblauch und etwas frischen Thymian hinzugeben und andünsten. Sobald die Zwiebeln zu karamellisieren beginnen, die Erbsen hinzufügen und vermengen. Mit 1 Liter warmem Wasser und dem Olivenöl aufgießen, die Hitze auf mittlere Stufe reduzieren und mit Salz und Pfeffer würzen. Bei geschlossenem Deckel etwa 40–50 Minuten köcheln lassen, bis die Erbsen dick und breiig sind. Während die Spalterbsen kochen, wird wahrscheinlich etwas weißer Schaum auf dem Wasser aufsteigen. Entfernen Sie den Schaum mit einem Schaumlöffel.

Danach den Zitronensaft hinzugeben und die Mischung in die Küchenmaschine geben. So lange mixen, bis die Erbsen glatt und cremig sind wie ein Püree. Servieren Sie die Fava mit etwas Olivenöl, einem Esslöffel Frühlingszwiebeln und etwas Kapern oder gehackter Petersilie.

FASOLE BATUTA (RO)

BOHNENAUFSTRICH MIT KARAMELLISIERTEN ZWIEBELN

Zutaten

Für 12 Portionen

500 g trockene weiße Bohnen
Lorbeerblätter
Salz
schwarzer Pfefferkörner
2 Knoblauchzehen
400 ml Sonnenblumenöl
3 große Zwiebeln
100 g Mehl
½ TL geräuchertes Paprikapulver

Zubereitung

Die Bohnen über Nacht in kaltem Wasser einweichen. Wechseln Sie das Wasser einige Male, bevor Sie die Bohnen kochen. Die Bohnen in einem großen Topf mit viel Wasser, Lorbeerblättern, Salz und Pfefferkörnern kochen, bis sie gar sind. Die Bohnen abgießen und eine Tasse der Kochflüssigkeit aufheben.

Den Knoblauch schälen und mit den Bohnen und dem Sonnenblumenöl in einem Mixer oder mit einem Pürierstab pürieren. Wenn die Masse zu steif und trocken ist, etwas von der Kochflüssigkeit hinzufügen, bis eine cremige Konsistenz erreicht ist.

Die Zwiebeln schälen und in feine Ringe schneiden. Mehl und Paprikapulver mischen und die Zwiebeln in kleinen Portionen damit bestreuen. Dann die Zwiebeln in heißem Öl braten, bis sie goldgelb und knusprig sind.

Auf einen Teller mit einem Papiertuch legen, um das überschüssige Öl aufzusaugen. Die Bohnen als Dip oder Aufstrich mit Zwiebeln und Paprikaöl bestrichen zusammen mit frischem Brot oder Crackern servieren.

VARZA CALITA (RO)

WEISSKOHL-EINTOPF

Zutaten

Für 8 Portionen

1 großer Weißkohl (3 kg)
grobes Meersalz
4 große Zwiebeln
4 rote Paprika
Paprikapaste
Tomatenmark
Kümmel
6 Tomaten
Thymian
Olivenöl zum Braten
Salz
schwarzer Pfeffer

Zubereitung

Den Kohl putzen und in feine Scheiben schneiden. Mit dem groben Meersalz in einer Schüssel mischen und kräftig durchkneten, damit der Kohl das Salz aufnimmt, weich wird und Wasser abgibt. 1 Stunde ruhen lassen, dann das Wasser mit den Händen aus dem Kohl drücken.

Die Zwiebeln schälen und würfeln. Die Paprika halbieren, die Trennhäutchen und Kerne entfernen und in Scheiben oder Würfel schneiden. Die Tomaten in dünne Scheiben schneiden.

In einem großen Topf die Zwiebeln und die Paprika bei mittlerer Hitze in etwas Öl anbraten, bis sie weich sind und zu duften beginnen. Die Paprikapaste, das Tomatenmark und Kümmel hinzufügen und 2–3 Minuten köcheln lassen, dann nach und nach den Kohl hinzugeben und ein wenig köcheln lassen, bevor die nächste Charge hinzugefügt wird.

Ständig umrühren, damit nichts ansetzt. Wenn der gesamte Kohl beigemengt ist, den Thymian und 300 ml Wasser hinzugeben, die Hitze reduzieren und 1 Stunde lang köcheln. Mit Salz und Pfeffer abschmecken.

Den Ofen auf 200 °C (Ober-/Unterhitze) vorheizen. Den Kohl in eine ofenfeste Form geben, die Tomatenscheiben auflegen und den Eintopf 30 Minuten im Ofen garen.

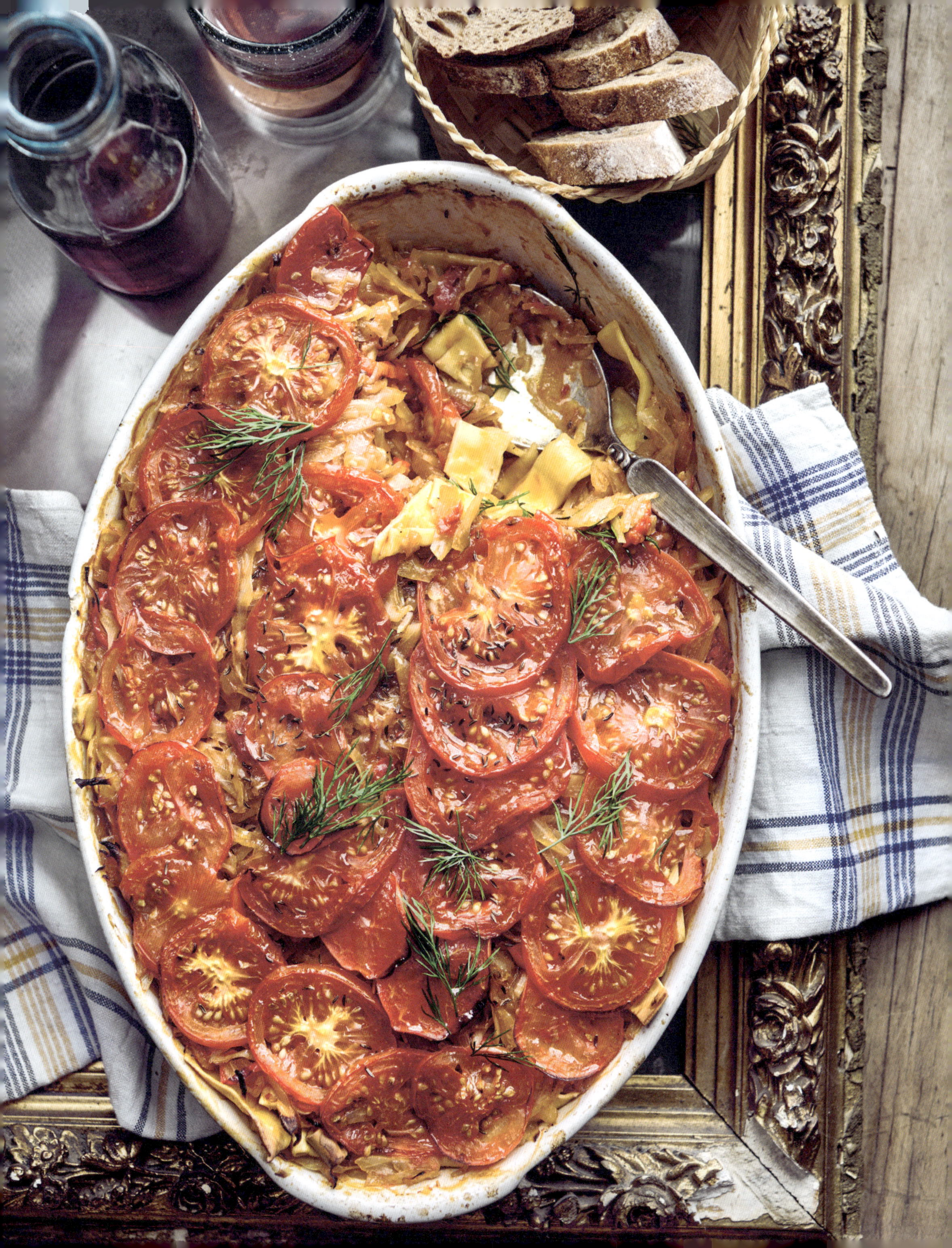

LOBIO (GE)

LANGSAM GEKOCHTER BOHNENEINTOPF MIT NÜSSEN UND GRANATAPFELKERNEN

Zutaten

Für 12 Portionen

400 g getrocknete rote Bohnen oder Pintobohnen
Salz
150 g gemahlene Walnusskerne
5 Knoblauchzehen, gehackt
1 ½ TL gemahlener Bockshornklee
1 TL gemahlener Koriander
Bohnenkraut
¼ TL Cayennepfeffer
50 g frischer Koriander, gehackt
1 EL Öl
1 große Zwiebel, gehackt
½ TL getrockneter Thymian
50 ml Tkemali
  alternativ 100%iger Granatapfelsaft

Zubereitung

Am Vorabend 15 g Salz pro 1 l kaltem Wasser in einer großen Schüssel oder einem Behälter auflösen. Die Bohnen in einem Sieb abspülen und in die vorbereitete Salzlake geben. Die Bohnen mindestens 8 Stunden lang einweichen.

Die Bohnen abgießen und abspülen, in einen großen Topf geben und mit etwa 5 cm kaltem Wasser und 1–2 Teelöffeln Salz bedecken. Zum Köcheln bringen und etwa 1–1 ½ Stunden kochen, bis die Bohnen weich sind. Bohnen abgießen, dabei etwa 500 ml Kochflüssigkeit auffangen. In eine Schüssel geben und beiseitestellen.

In einer separaten Schüssel Walnüsse, Knoblauch, Bockshornklee, Koriander, Bohnenkraut, Cayennepfeffer und zwei Drittel des frischen Korianders mischen.

Das Pflanzenöl in einem schweren Topf bei mittlerer Hitze erhitzen, bis es schimmert. Die Zwiebeln hinzugeben und anbraten, bis sie glasig aber nicht gebräunt sind (etwa 5 Minuten). Die Walnussmischung hinzufügen und unter ständigem Rühren garen, bis sie duftet (etwa 1 Minute). Tkemali oder Granatapfelsaft hinzufügen und umrühren.

Gekochte Bohnen zusammen mit etwa 150 ml der reservierten Kochflüssigkeit in den Topf geben. Die Bohnen mit einem Kartoffelstampfer zerdrücken, bis nur noch etwa ein Viertel der Bohnen ganz ist. Dabei nach Bedarf mehr Kochflüssigkeit hinzufügen, um die Konsistenz aufzulockern – es sollte die Konsistenz eines dicken Eintopfs haben, jedoch nicht zu suppig sein.

Etwa 5 Minuten köcheln lassen, bis sich die Aromen vermischen, dann den restlichen Koriander hinzufügen und sofort servieren.

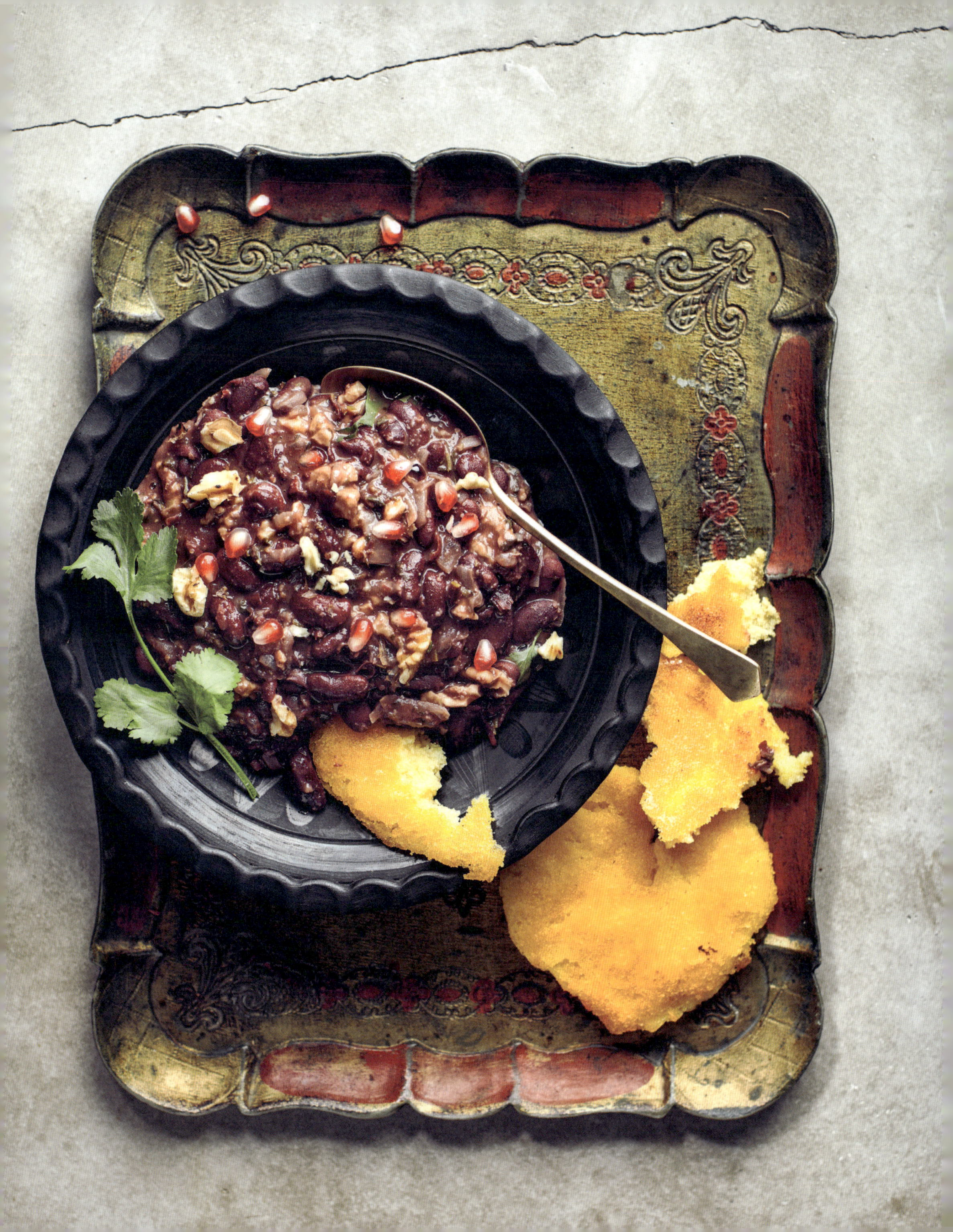

| CIUPERCI UMPLUTE LA TAVA |

| VARZA ROSIE CU PRUNE USCATE |

VARZA ROSIE CU PRUNE (RO)

ROTKOHL MIT GETROCKNETEN PFLAUMEN

Zutaten

Für 6 Portionen

geräucherte getrocknete Pflaumen, nach Belieben
2 kg Rotkohl
2 Zwiebeln
Öl
Salz
schwarzer Pfeffer
Thymian
500 ml Rotwein
50 ml Rotweinessig

Zubereitung

Die Pflaumen entsteinen und 30 Minuten lang in kaltem Wasser einweichen, um sie zu hydratisieren.

Den Rotkohl putzen und in feine Streifen schneiden, die Zwiebeln schälen und fein hacken. Das Öl in einer großen Pfanne erhitzen und den Kohl und die Zwiebeln nach und nach unter Rühren anbraten, bis der Kohl an Volumen verliert und zusammenfällt. Salz, Pfeffer und Thymian, Wein und Essig hinzufügen und kochen, bis die Flüssigkeit verdampft ist. Dann die Pflaumen hinzufügen, unterrühren und weitere 10 Minuten köcheln lassen.

CIUPERCI UMPLUTE (RO)

GEBACKENE GEFÜLLTE CHAMPIGNONS

Zutaten

Für 5–6 Portionen
10–12 große Champignons
2 große Zwiebeln
2 Knoblauchzehen
2 rote Paprika
Petersilie
100 g Walnusskerne
Salz
schwarzer Pfeffer
Öl

Zubereitung

Die Champignonhüte von den Stielen nehmen und die Hüte mit einem Schälmesser säubern, dabei die Haut von der Seite zur Mitte hin entfernen.

Die Zwiebeln und den Knoblauch schälen und zusammen mit den Champignonstielen und der Paprika fein würfeln. In einer großen Pfanne in etwas Öl bei mittlerer Hitze unter ständigem Rühren anbraten, bis sich schöne Aromen entwickeln. Mit Salz, Pfeffer und gehackter Petersilie würzen.

Die Champignonhüte auf ein mit Backpapier ausgelegtes Backblech legen und die Füllung hineingeben. Mit den gehackten Walnüssen, der restlichen Petersilie und dem Olivenöl bestreuen und im Ofen bei 200 °C (Ober-/Unterhitze) 20 Minuten garen.

MELOMAKARONA (GR)

LECKERE KEKSE MIT REICHLICH GEWÜRZSIRUP

Zutaten

Für etwa 25 Stück
Für den Teig:
200 g mildes Olivenöl
120 g Zucker
1 EL Zimt
1 TL gemahlene Nelke
1 EL Orangenschale
600 g Mehl (Type 405)
1 ½ TL Backpulver
50 ml Weinbrand,
 nach Belieben

Für den Sirup:
300 g Zucker
250 g Ahornsirup oder
 Agavendicksaft
1 Zimtstange
8–10 Nelken
etwas Schale von
 1 Orange
1 EL Zitronensaft

Zum Garnieren:
200 g Walnusskerne
½ TL Zimt
Sesam

Zubereitung

Das Olivenöl mit dem Zucker etwa 10 Minuten lang auf höchster Stufe schlagen, dann langsam 150 ml Wasser und den Weinbrand hinzufügen. In einer zweiten Schüssel Zimt, Nelke und Orangenschale mit dem gesiebten Mehl und dem Backpulver mischen, dann in die Flüssigkeit einrühren. Die Mischung muss eine ölige Konsistenz haben, darf aber nicht an den Händen kleben. Mit einem Tuch abdecken und 15 Minuten ruhen lassen.

Nehmen Sie ein kleines Stück der Masse, etwa in der Größe einer großen Walnuss (ca. 40 g), und formen Sie es rund oder oval, etwa 1 cm dick. Für mundgerechte Kekse teilen Sie den Teig in der Mitte. Für ein Muster auf der Oberseite können Sie eine Gabel, eine Kastenreibe oder einen Eierausstecher verwenden.

Legen Sie die Plätzchen mit Abstand auf ein mit Backpapier ausgelegtes Backblech. Im vorgeheizten Ofen bei 180 °C (Ober-/Unterhitze) etwa 25–30 Minuten backen, bis sie goldbraun sind.

In der Zwischenzeit den Sirup zubereiten: Zucker, 300 ml Wasser, Sirup, Zimt, Nelken und Orangenschale in einen Topf geben und verrühren, damit sich Zucker und Sirup auflösen. Zum Kochen bringen und den Schaum abschöpfen. Die Hitze reduzieren und 5 Minuten köcheln lassen. Den Zitronensaft hinzugeben und vom Herd nehmen.

Sobald die Kekse aus dem Ofen kommen, einige Minuten in den Sirup tauchen, dann mit einer Schaumkelle auf eine Platte geben. Die Walnüsse hacken und den Zimt und Sesam untermischen. Die Kekse auf einem Teller anrichten. Etwas Sirup darüberträufeln und einige gehackte Walnüsse darüberstreuen.

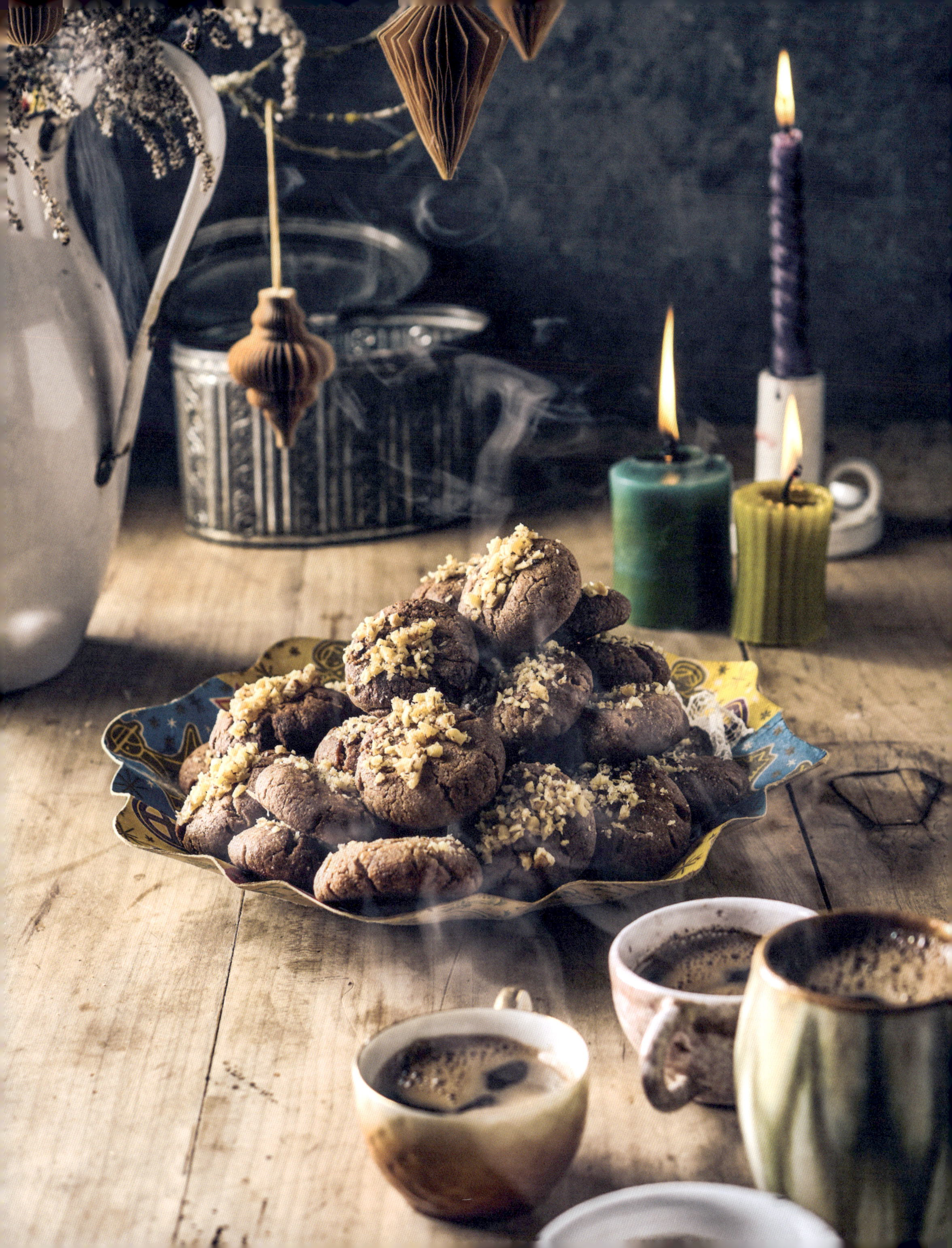

SARMALE CALUGARESTI (RO)

GEFÜLLTE KOHLROULADE NACH KLOSTERART

Zutaten

Für 10–12 Portionen

1 große Zwiebel
2–3 EL Öl
1 große Möhre
450 g Champignons
130 g Reis
1 TL getrockneter Thymian
Salz
frisch gemahlener Pfeffer
½ Bund Petersilie
1 großer Sauerkrautkohl
1 kleine Scheibe Staudensellerie
300 ml Tomatensaft
3 EL Tomatenmark
1–3 Lorbeerblätter
2 Thymianzweige
1 Prise Oregano
Pfefferkörner

Zubereitung

Die Zwiebel schälen, fein hacken und im Öl anbraten, bis sie glasig wird. Die Möhre fein raspeln, die Hälfte zur Zwiebel geben und 1 Minute dünsten. Die Champignons putzen, in feine Scheiben schneiden, dazugeben und anbraten, bis sie leicht weich sind.

Den gut gewaschenen und abgetropften Reis, Thymian, Salz, Pfeffer und die fein gehackte Petersilie hinzufügen. Die Mischung weitere 1–2 Minuten kochen lassen.

Nehmen Sie 1 Kohlblatt in die Hand und geben Sie etwa 1 Esslöffel der Pilz-Reis-Mischung über die gesamte Breite des Blattes, sodass an jedem Ende 2 cm Rand bleiben. Rollen Sie die Sarmale auf und stecken Sie das schmale Ende hinein, damit die Sarmale beim Garen nicht auseinanderfällt. Schneiden Sie einige Kohlblätter in Juliennes und legen Sie sie zusammen mit der restlichen geriebenen Möhre und dem fein geriebenen Sellerie auf den Boden des Topfes.

Mischen Sie den Tomatensaft mit dem -mark und gießen Sie ein Drittel der Menge über den Kohl. Richten Sie dann den Sarmale mit den Pilzen und dem Reis an, legen Sie die Thymianzweige dazu und streuen Sie ein wenig getrockneten Oregano darüber. Wenn Sie mit dem Anrichten fertig sind, gießen Sie den Rest des Tomatensafts darüber. Fügen Sie eine weitere Schicht von in Streifen geschnittenem Kohl und die Pfefferkörner hinzu. Etwas Öl und heißes Wasser bis zur Höhe der Rouladen hinzugeben und die Klosterrouladen etwa 30 Minuten bei mittlerer Hitze und mit geschlossenem Deckel köcheln lassen.

Den Ofen auf 200 °C (Ober-/Unterhitze) vorheizen und die Rouladen weitere 45–50 Minuten im Ofen garen. Heiß mit Polenta und Chilischoten servieren.

Matches
Allumettes
Zündhölzer
Fiammiferi
Fósforos
Lucifers

PRAZ CU MASLINE (GR)

LAUCH-OLIVEN-EINTOPF

Zutaten

Für 8 Portionen

4 Stangen Lauch
Salz
Nelken
schwarze Pfefferkörner
Lorbeerblatt
Olivenöl
1 Knoblauchzehe
10 g Zucker
2 Dosen Tomaten
Oregano
200 g schwarze Kalamata-
 Oliven
1 Zitrone
Petersilie

Zubereitung

Den Lauch sorgfältig waschen und in 4–5 cm lange Stücke schneiden. In einem ausreichend großen Topf Wasser mit Salz (20 g/Liter), Nelken, Pfefferkörnern und Lorbeerblatt zum Kochen bringen. Den Lauch in das kochende Wasser geben und 7–8 Minuten kochen lassen, bis er weich ist. Prüfen Sie mit einer Gabel, ob er zart ist. Die Kochzeit kann je nach Dicke des Lauchs variieren. Den Lauch aus dem kochenden Wasser nehmen und in eiskaltes Wasser legen. Nach dem Abkühlen auf einem Papiertuch abtropfen lassen.

Den Knoblauch schälen und fein hacken. Etwas Olivenöl in einer Pfanne erhitzen, Zucker und Knoblauch hinzugeben und 1–2 Minuten bei mittlerer Hitze dünsten, dann die Dosentomaten und den Oregano hinzugeben und 15 Minuten köcheln lassen.

Zum Schluss den Lauch, die Oliven und 2–3 Scheiben Zitrone dazugeben und weiter köcheln, bis der Lauch auf Temperatur kommt. Heiß und mit viel gehackter Petersilie bestreut servieren.

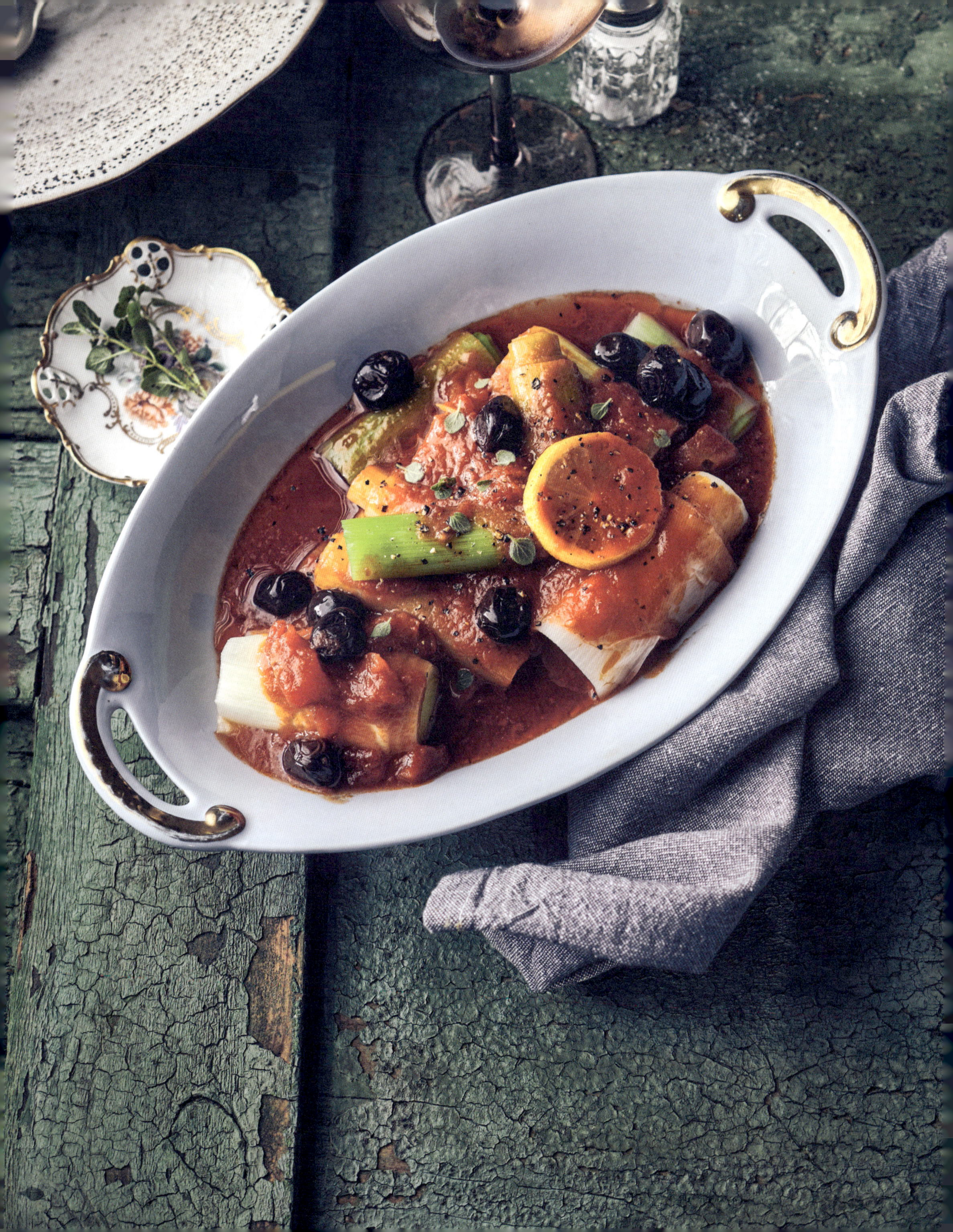

SOUPA REVITHI LEMONI (GR)

KICHERERBSEN-ZITRONEN-SUPPE

Zutaten

Für 8 Portionen

500 g getrocknete Kichererbsen
200 ml Olivenöl
1 große Zwiebel
2 TL getrockneter Oregano, nach Belieben
1 Lorbeerblatt
Salz
frisch gemahlener Pfeffer
60 g Mehl
Saft von 1–2 Zitronen
Gemüsebrühe, nach Belieben

Zubereitung

Waschen Sie zunächst die Kichererbsen und lassen Sie sie über Nacht in reichlich kaltem Wasser einweichen. Die Kichererbsen abgießen und das Einweichwasser wegschütten. Geben Sie die Kichererbsen in ein Sieb und spülen Sie sie mit viel Wasser 4–5-mal sehr gut ab. Die Kichererbsen im Sieb gut abreiben, sodass sich die Schalen entfernen lassen. Anschließend in einen großen Topf mit so viel kaltem Wasser geben, dass sie bedeckt sind (etwa 4 cm).

Erhitzen Sie das Wasser und bringen Sie es zum Kochen. Wenn nötig, den Schaum mit einem Schaumlöffel von der Oberfläche entfernen. Die Kichererbsen abgießen, wieder in den Topf geben und so viel warmes Wasser hinzufügen, dass sie wieder bedeckt sind. Erneut zum Kochen bringen, dann das Olivenöl, die fein gehackte Zwiebel, den Oregano und die Lorbeerblätter hinzufügen.

Die Hitze auf ein Köcheln reduzieren und den Deckel aufsetzen. Die Kichererbsen 1–2 Stunden köcheln lassen, bis sie weich sind. Bei Bedarf mehr Wasser hinzufügen, damit die Suppe nicht austrocknet.

Wenn Sie eine dickere Suppe bevorzugen, geben Sie am Ende der Kochzeit das Mehl und den Zitronensaft in eine Schüssel und rühren die Mischung nach und nach zur Suppe. Die Suppe mit den Gewürzen abschmecken und 2–3 Minuten vorsichtig rühren, bis sie eindickt.

Servieren Sie diese griechische Kichererbsensuppe noch warm mit reichlich Kalamata-Oliven und Krustenbrot.

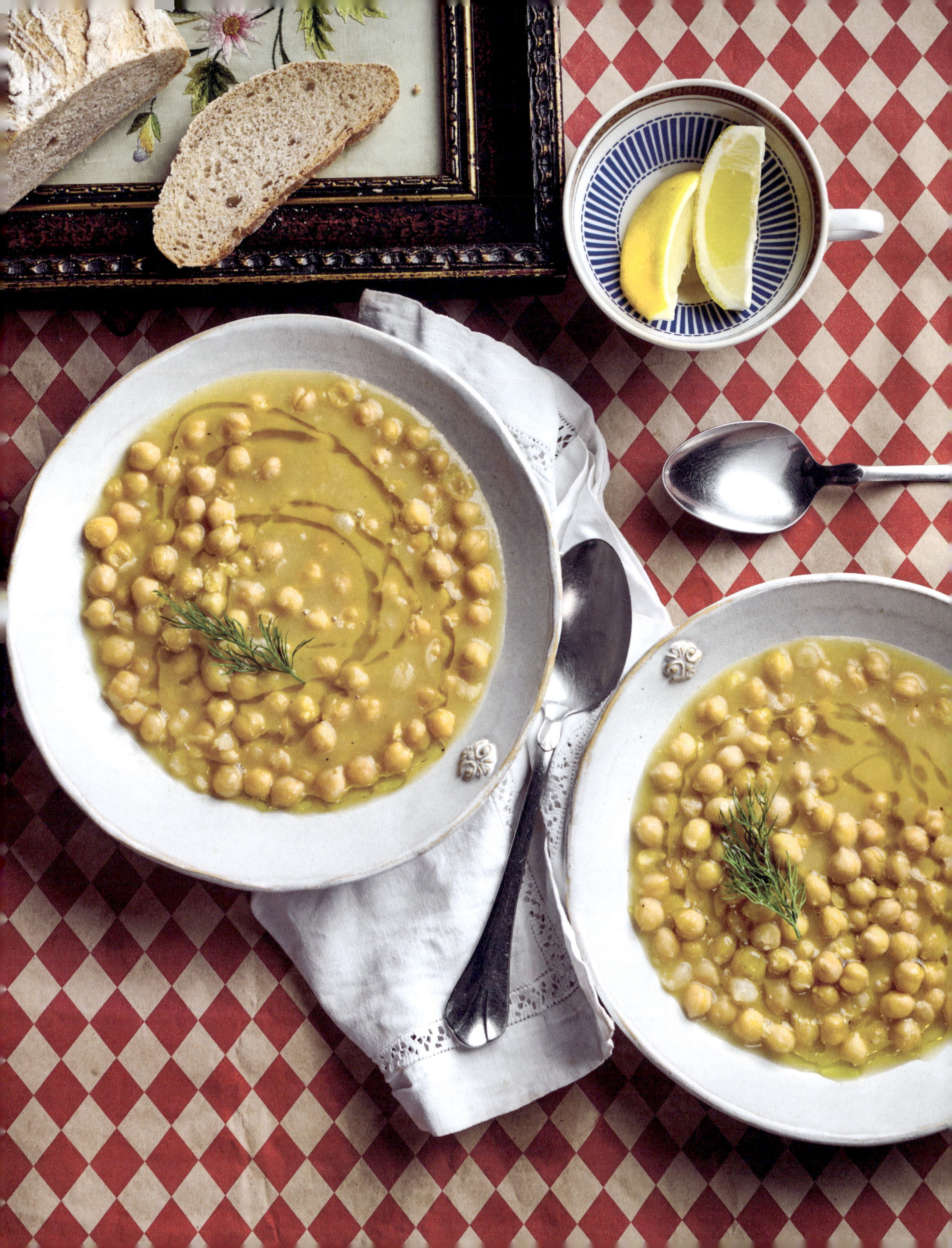

| PELINCILE DOMNULUI |

| COMPOT ARMENESC |

PELINCILE DOMNULUI (RO)

WEIHNACHTSPFANNKUCHEN MIT WALNÜSSEN UND HANFSAMEN

Zutaten

Für 20 Stück

Für die Hanfcreme:
500 g Hanfsamen
80 g Puderzucker
50 g Vanillezucker
20 ml Rum
120 g gerösteter Zucker
Salz
Hanfmilch-Sirup

Für den Teig:
500 g Mehl (Type 405)
Salz

Walnusskerne, nach Belieben

Zubereitung

Mit einem Pürierstab oder einem Mixer die Samen zu einem mittelfeinen Mehl mahlen. Es empfiehlt sich, in 2–3 Durchgängen zu mahlen, damit das Mehl gleichmäßig und fein genug ist.

1 ½ Liter Wasser zum Kochen bringen und das Hanfsamenmehl 1 Minute lang in das kochende Wasser geben, den Kochvorgang stoppen und mit dem Handrührgerät 5 Minuten lang auf hoher Stufe mixen. Das milchige Wasser durch ein Sieb abgießen und so viel Flüssigkeit wie möglich auffangen.

Das Hanfmehl in eine Pfanne geben und langsam zum Kochen bringen. Nach einigen Minuten werden Sie feststellen, dass sich Schaum an der Oberfläche des kochenden Wassers bildet. Mit einem Schaumlöffel den sich bildenden festen Käsebruch herausnehmen und dabei die ganze Zeit weiter kochen. Den festen Käsebruch mit dem Puderzucker, 30 g Vanille und 10 ml Rum verrühren, bis eine schaumige Creme entstanden ist. Heben Sie die Molke auf, die Sie nach dem Gerinnungsprozess erhalten haben, und fügen Sie den Zucker, 20 g Vanille, 1 Prise Salz und 10 ml Rum hinzu; diese Molke wird später verwendet.

Für den Teig Mehl und 1 Prise Salz mit 300 ml lauwarmem Wasser mischen und zu einem glatten Teig verarbeiten. Den Teig 30 Minuten ruhen lassen, dann in 20 Stücke teilen und jedes dünn ausrollen. Die Blätter einzeln bei schwacher Hitze auf beiden Seiten in einer Pfanne backen, bis sie leicht golden und sehr trocken sind. Stapeln Sie die Blätter nebeneinander in einer tieferen Backform und trocknen Sie sie 2 Stunden lang bei 50 °C (Ober-/Unterhitze) im Ofen.

Zum Schluss den Kuchen zusammensetzen, indem man Teig und Hanfcreme in einen ausreichend tiefen Topf schichtet. Gießen Sie den Sirup über den geschichteten Kuchen und lassen Sie ihn über Nacht durchziehen. Den Topf auf einen Teller stürzen und den Kuchen portionieren.

COMPOT ARMENESC (RO)

ARMENISCHES KOMPOTT

Zutaten

Für 6 Portionen

100 g getrocknete Pflaumen

100 g getrocknete Aprikosen

100 g Rosinen

100 g Agavendicksaft oder brauner Zucker

1 Zimtstange

4–5 Streifen Zitronenschale

2 Nelken

2 Tassen gehackte Nusskerne, nach Belieben (Pistazien, Mandeln, Walnusskerne)

Zubereitung

Die Pflaumen entsteinen und halbieren, die Aprikosen in mundgerechte Stücke schneiden. Die Gewürze in ein Teesieb oder ein Mulltuch geben.

In einem großen Topf die Trockenfrüchte mit dem Agavendicksaft mischen. Genug kaltes Wasser hinzufügen, um die Zutaten zu bedecken. Das Gewürzsieb ins Wasser geben und zum Kochen bringen. Die Hitze auf niedrige Stufe reduzieren und etwa 20 Minuten köcheln lassen, bis die Früchte weich sind. Die Gewürze entfernen und entsorgen.

Das Kompott heiß oder bei Zimmertemperatur servieren oder abdecken und bis zum Servieren kalt stellen. Nach Belieben mit gehackten Nüssen garnieren.

SUPA DE GULII (MD)

KOHLRABISUPPE

Zutaten

Für 8 Portionen

8 Kohlrabi
2 Zwiebeln
4 Knoblauchzehen
Öl
5 g Chiliflocken
5 g edelsüßes Paprikapulver
2 Lorbeerblätter
Salz
schwarzer Pfeffer
Liebstöckel

Zubereitung

Den Kohlrabi schälen, den holzigen Teil entfernen und in mittelgroße Würfel schneiden. Die Zwiebeln und den Knoblauch schälen und ebenfalls würfeln.

Den Kohlrabi und die Zwiebeln in einem großen Topf in etwas Öl anschwitzen. Wenn der Kohlrabi zu karamellisieren beginnt, den Knoblauch hinzufügen und weitere 2 Minuten dünsten. Zum Schluss die Chiliflocken und das Paprikapulver untermischen und mit 2 Litern Wasser aufgießen. Das Ganze 30 Minuten köcheln lassen, bis das Gemüse weich ist. Mit Salz und Pfeffer würzen und mit gehacktem Liebstöckel bestreut servieren.

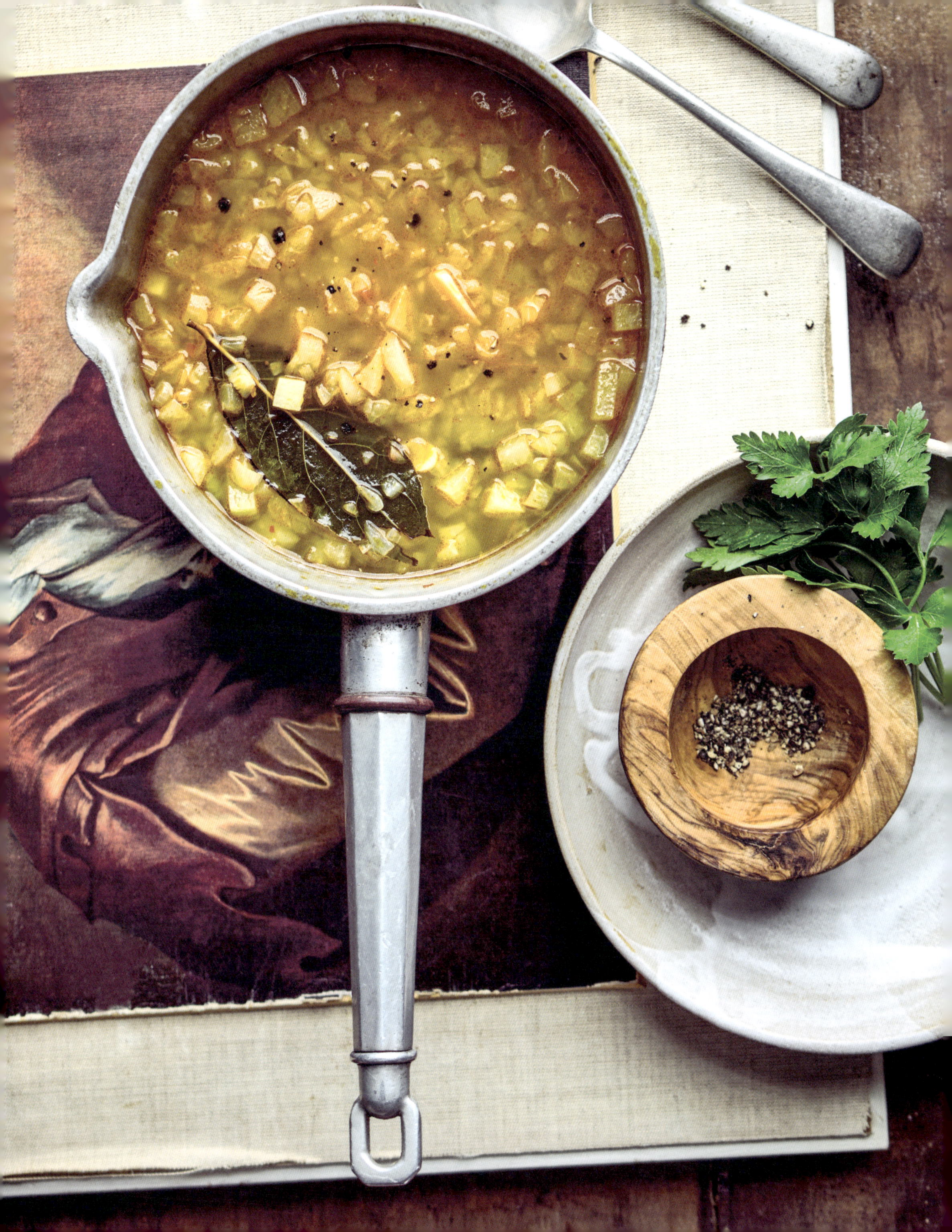

PLACINTA CU VARZA (MD)

KRAUTTASCHEN

Zutaten

Für 8–10 Portionen

Für den Teig:
500 g Weizenmehl (Type 550)
1 Würfel frische Hefe
Salz

Für die Füllung:
2–3 kg Weißkohl, fein gehackt
200 ml Öl
2 EL Tomatenmark
1 EL Paprikapaste
Kümmel
Thymian
schwarzer Pfeffer
Salz
geräuchertes scharfes Paprikapulver

Zubereitung

Für den Teig die Hefe mit etwas Mehl und 100 ml lauwarmem Wasser mischen und warten, bis sie zu schäumen beginnt. In einer großen Schüssel 350 ml Wasser, das Mehl und 20 g Salz mit einem Löffel verrühren, bis das gesamte Mehl eingearbeitet ist. Schließlich die Hefe hinzufügen und 15 Minuten gehen lassen.

Den Teig in der Schüssel von oben nach unten und von links nach rechts falten. Nach einer Ruhezeit von 10 Minuten den Vorgang 3–4-mal wiederholen. Schließlich den Teig in der abgedeckten Schüssel an einem warmen Ort 2 Stunden gehen lassen.

Das Kraut in eine große Schüssel geben, mit Salz bestreuen und mit den Händen durchmischen. Dabei versuchen, das Wasser aus dem Kraut herauszudrücken. 1 Stunde ruhen lassen und dann noch einmal mit den Händen das Wasser aus dem Kraut drücken.

Eine große Pfanne erhitzen, das Öl, das Tomatenmark und die Paprikapaste, den Kümmel und den Thymian hinzugeben, 3–4 Minuten rösten und dabei alles gut durchmischen. Dann den abgetropften Kohl hinzugeben und erneut mischen, bis alles mit Öl und Paste bedeckt ist. Zum Schluss den schwarzen Pfeffer hinzufügen und bei mittlerer Hitze garen lassen. Dabei gut rühren, damit nichts anbrennt. Der Kohl sollte ziemlich trocken und bissfest sein. Mit Salz und geräuchertem Paprikapulver abschmecken.

Den Teig auf einer sauberen, geölten Arbeitsfläche ausrollen und in 8–10 gleich große Stücke teilen. Jedes Stück zu einer Kugel formen und noch einmal 10 Minuten ruhen lassen. Aus den Kugeln Kreise von 15 cm formen, das Kraut in die Mitte geben und den Teig darüberfalten. In einer Pfanne mit heißem Öl von beiden Seiten braten, bis er goldbraun wird. Warm oder kalt mit einem Dill-Knoblauch-Mujdei servieren.

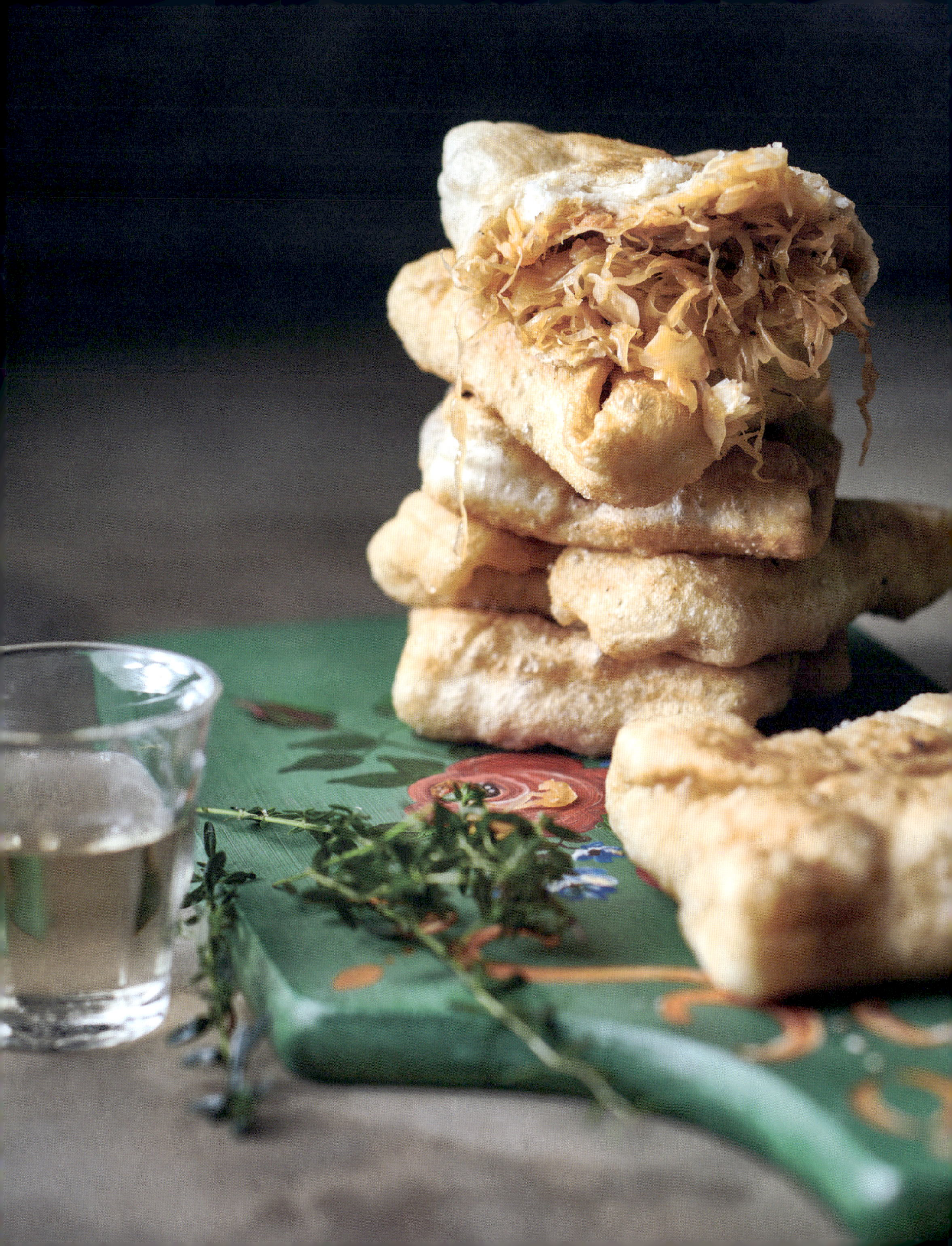

| SUPA DE CHIMEN |

| TURSHIYA |

SUPA DE CHIMEN (RO)

KÜMMELSUPPE

Zutaten
Für 6–8 Portionen
1 TL Kümmelsamen
100 ml Pflanzenöl
   oder veganes Fett
100 g Mehl
2 l Gemüsebrühe
Salz
schwarzer Pfeffer

Zubereitung
Die Kümmelsamen ohne Fett rösten, bis die Samen zu platzen beginnen. Das Fett und das Mehl hinzufügen und 5–8 Minuten rösten, bis es hellbraun wird. Mit der Gemüsebrühe aufgießen und umrühren, um die Mehlklumpen zu lösen. Köcheln lassen, bis die Masse zu kochen beginnt und eindickt. Mit Salz und Pfeffer abschmecken.

Warm in einer Tasse mit salzigen Grahamkeksen servieren.

TURSHIYA (BG)

EINGELEGTER SALAT

Zutaten

Für 1 Portion

Meersalz
100 g Zucker
200 ml Weinessig
1 kleiner Weißkohl
1 mittelgroßer Blumenkohl
1 mittelgroße Staudensellerie
6 Möhren
2 rote Paprika
2–3 Chilischoten
6 Tomaten
Sellerieblätter
100 g Meerrettichwurzel
schwarze Pfefferkörner
Lorbeerblätter
3–4 Knoblauchzehen

außerdem: 1 großes Glas (3–4 Liter) mit weiter Öffnung

Zubereitung

Waschen Sie das Glas sehr gut mit heißem Wasser und Spülmittel aus. Sterilisieren Sie das Glas, indem Sie es 10–15 Minuten im heißen Ofen erhitzen.

Für das Marinierbad 3 Liter Wasser mit 100 g Salz, Zucker und Essig aufkochen. Das Gemüse sorgfältig waschen und in mundgerechte Stücke schneiden.

Das Glas mit den Gemüsestücken, Sellerieblätter, Meerrettich, Pfefferkörnern, Lorbeerblätter und geschältem Knoblauch füllen. Das heiße Marinierbad darübergießen, bis alles Gemüse bedeckt ist. Dann das Glas mit dem Deckel verschließen und mindestens 1 Woche an einem kühlen, dunklen Ort aufbewahren.

Als Vorspeise oder Salat neben dem Hauptgericht servieren.

COLIVA (RO, MD, UA)

GERSTENBREI MIT WALNÜSSEN UND GEWÜRZEN

Zutaten

Für 8 Portionen
300 g Perlgraupen
Salz
70 g Zucker
   (alternativ Agavendicksaft)
2 TL Vanilleextrakt
100 ml dunkler Rum
   (alternativ Rum-Essenz)
Zimt
100 g Walnusskerne
kandierte Zitronen- oder
   Orangenschale

Zubereitung

Waschen Sie die Graupen in einer Schüssel und wechseln Sie das Wasser so oft, bis es klar ist.

In einen Topf mit dickem Boden 1 Liter kaltes Wasser, Graupen und Salz geben und 20–30 Minuten kochen, bis die Graupen aufplatzen. Den Zucker hinzufügen und bei niedriger Hitze unter ständigem Rühren kochen, bis der Zucker geschmolzen und die Flüssigkeit fast verdampft ist.

Den Topf mit einem Deckel abdecken und abkühlen lassen. Vanille, Rum und Zimt einrühren. Die Masse in eine Schüssel geben und mit gehackten Walnüssen und kandierten Zitrusschalen garniert servieren.

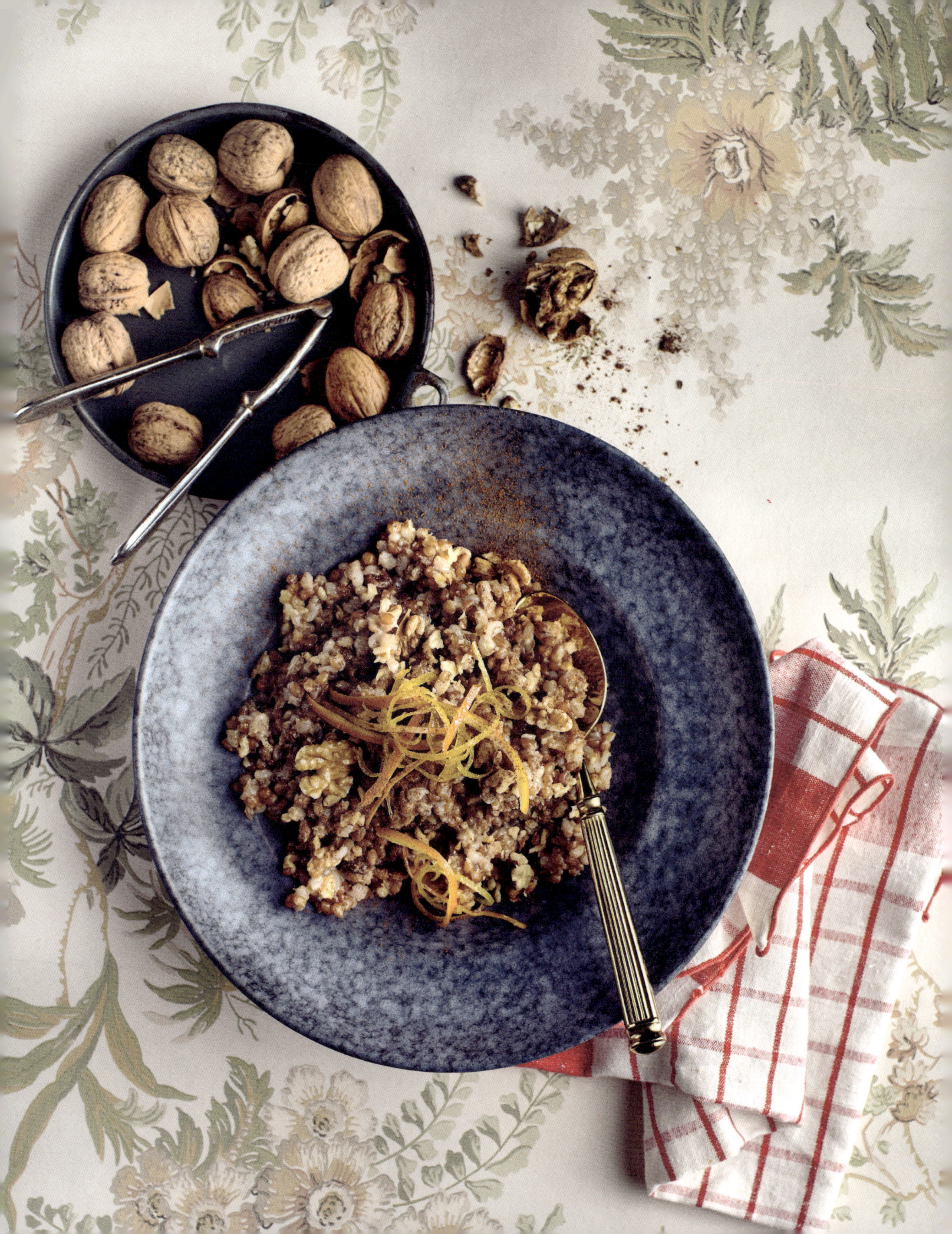

| SOS DE FRUCTE CU PRAZ |

KASHA

KASHA (UA)

BUCHWEIZENBLÄTTER MIT GESCHMORTEN PILZEN UND KARAMELLISIERTEN ZWIEBELN

Zutaten

Für 4 Portionen

2 große Zwiebeln
50 g Zucker
200 ml Weißwein
50 ml Öl
300 g Buchweizenblätter
Salz
Champignons
Knoblauch
schwarzer Pfeffer
Thymian
Petersilie

Zubereitung

Die Zwiebeln schälen, in feine Halbringe schneiden und in einer Pfanne karamellisieren. Von Zeit zu Zeit umrühren, damit sie gleichmäßig garen und Farbe annehmen. Wenn die Zwiebeln beginnen goldbraun zu werden, Zucker und 100 ml Wein zugeben und auf kleiner Flamme köcheln, bis die Flüssigkeit verdampft ist und die Zwiebeln eine schöne braune Farbe angenommen haben.

In einer mittelgroßen Pfanne 2–3 Esslöffel Öl und die Buchweizenblätter erhitzen und 3–4 Minuten bei mittlerer Hitze braten, bis sie zu rösten beginnen und einen nussigen Geschmack annehmen. Salz und 600 ml Wasser hinzufügen und 20 Minuten köcheln lassen. Vom Herd nehmen und mit einem Deckel abdecken.

Die Pilze putzen und vierteln, den Knoblauch schälen und in feine Scheiben schneiden. Die Pilze bei starker Hitze unter Rühren in etwas Öl anbraten, bis sie einen schönen Röstgeschmack und Farbe bekommen. Die Hitze reduzieren, den Knoblauch, Salz, Pfeffer und Thymian hinzufügen, 1–2 Minuten rösten, ohne den Knoblauch zu verbrennen, und dann mit dem restlichen Wein ablöschen. Köcheln, bis die Flüssigkeit verdampft ist.

Den Kasha zusammen mit den Zwiebeln und den Pilzen servieren und großzügig mit frischer gehackter Petersilie bestreuen.

SOS DE FRUCTE CU PRAZ (MD)

LAUCH MIT FRÜCHTEN

Zutaten

Für 4 Portionen

2 Quitten
2 Äpfel
4 Möhren
2 Lauch
300 g getrocknete Pflaumen
5 g geräuchertes Paprikapulver
30 g Zucker
Öl
Salz
schwarzer Pfeffer

Zubereitung

Die Quitten und die Äpfel schälen, entkernen und in große Würfel schneiden. Die Möhren schälen und würfeln, den Lauch in etwa 1 cm breite Ringe schneiden. Die Pflaumen ebenfalls würfeln.

In einer großen Pfanne die Möhren in heißem Öl anbraten. Dann die Quitten, die Äpfel und den Lauch hinzugeben und rösten, bis sie Farbe bekommen.

Den Ofen auf 180 °C (Ober-/Unterhitze) vorheizen. Das gekochte Gemüse zusammen mit den restlichen Zutaten in eine ofenfeste Form geben und 40–45 Minuten im Ofen garen.

INDEX

A

ÄPFEL
Apfel-Haferflocken-Dessert 154
Lauch mit Früchten 215

APRIKOSEN
Armenisches Kompott 201
Gebackene Weinblätter mit Reis 74
Obstdessert mit Maismehl 172
Sommerliches Kompott 105

AUBERGINEN
Ajvar 93
Auberginen-Aufstrich 94
Auberginen nach Kehrdon-Style 95
Auberginenröllchen gefüllt mit Walnüssen und Granatapfel 144
Auberginen-Salat 92
Gefüllter Kürbis 176
Gemüseaufstrich oder Dip 48
Sommergemüse-Eintopf 108

B

BÄRLAUCH
Dip aus Kartoffeln mit Knoblauch und Bärlauch 68
Frühkartoffeln mit Bärlauch und Dill 60
Pikanter Frühlingssalat 82
Saure Frühlingskräutersuppe 56
Topinambur mit Bärlauchpesto 73

BLUMENKOHL
Blumenkohl mit Semmelbröseln 152
Eingelegter Salat 209
Gefüllter Kürbis 176
Sommergemüse-Eintopf 108

BLÜTENBLÄTTER
Blütenblätter-Sorbet 101
Rosenblütenstrudel 131

BOHNEN
Authentische griechische grüne Bohnen 96
Bohnenaufstrich mit karamellisierten Zwiebeln 181
Brot mit Kidneybohnenfüllung 140
Gerstenrisotto mit grüner Sauce und Gemüse 112
Langsam gekochter Bohneneintopf mit Nüssen und Granatapfelkernen 184
Mit Bohnen gefüllte Paprika 153
Rote-Bete-Salat 61
Saure Suppe aus trockenen Bohnen mit Hopfenaufguss 162
Sommergemüse-Eintopf 108
Trockenbohnensalat mit roten Zwiebeln 170

BRENNNESSELN
Brennnessel-Knoblauch-Polenta 46
Mit Brennnesseln gefüllte Khinkali 79
Saure Brennnesselsuppe nach Klosterart 80

BUCHWEIZEN
Buchweizenblätter mit geschmorten Pilzen und karamellisierten Zwiebeln 214
Kohlrabi gefüllt mit Pilzen 66
Weinblatt-Röllchen gefüllt mit Buchweizen und Gemüse 64

BULGUR
Spinatpastete 124

C

CHILISCHOTEN
Ajvar 93
Eingelegter Salat 209
Gemüseaufstrich oder Dip 49

CRANBERRIES
Gebackene Weinblätter mit Reis 74
Russischer Obst-Pudding 104

D

DATTELN
Gefüllte Zucchiniröllchen 117

DIP
Auberginen-Aufstrich 94
Dip aus Kartoffeln mit Knoblauch und Bärlauch 68
Dip aus Spalterbsen 180
Gemüseaufstrich oder Dip 48
Möhrenmarmalade 126

E

ERBSEN
Dip aus Spalterbsen 180
Gefüllter Kürbis 176
Gerstenrisotto mit grüner Sauce und Gemüse 112
Sauerampfersuppe mit Lauch und Erbsen 78

F

FERMENTIEREN
Fermentiertes Holunderblüten-Getränk 54

G

GÄREN
Fermentiertes Holunderblüten-Getränk 55

GARTENMELDE
Saure Frühlingskräutersuppe 56

GEFÜLLTES
Auberginenröllchen gefüllt mit Walnüssen und Granatapfel 144
Gebackene gefüllte Champignons 189
Gefüllte Kohlroulade nach Klosterart 192
Gefüllter Kürbis 176
Gefüllte Zucchiniröllchen 117
Kohlrabi gefüllt mit Pilzen 66
mit Bohnen gefüllte Paprika 153
Mit Brennnesseln gefüllte Khinkali 79
Polentabällchen mit Pilzfüllung 146
Rote Bete gefüllt mit Meerrettich 134
Weinblatt-Röllchen gefüllt mit Buchweizen und Gemüse 64

GEMÜSEAUFSTRICH
Auberginen-Aufstrich 94
Bohnenaufstrich mit karamellisierten Zwiebeln 181
Brotaufstrich aus Gemüse und Pilzen 158
Gemüseaufstrich oder Dip 48
Möhren-Marmalade 126

GERSTE
Gerstenbrei mit Walnüssen und Gewürzen 210
Gerstenrisotto mit grüner Sauce und Gemüse 112

GETRÄNKE
Fermentiertes Holunderblüten-Getränk 54
Himbeersirup 100

GRANATAPFELKERNE
Auberginenröllchen gefüllt mit Walnüssen und Granatapfel 144
Langsam gekochter Bohneneintopf mit Nüssen und Granatapfelkernen 184
Rote-Bete-Salat mit Tkemali-Pflaumensauce 166

GURKE
Portulak-Salat mit Sommergemüse 113

H

HAFERFLOCKEN
Apfel-Haferflocken-Dessert 154
Gebratene Haferflockenplätzchen 72

HANF
Weihnachtspfannkuchen mit Walnüssen und Hanfsamen 200

HIMBEEREN
Himbeersirup 100

HIRSE
Hirsepolenta 145

HOLUNDERBLÜTEN
Fermentiertes Holunderblüten-Getränk 54

HOPFEN
Saure Suppe aus trockenen Bohnen mit Hopfenaufguss 162

J

JOHANNISBEEREN
Sommerliches Kompott 105

K

KARTOFFELN
Authentische griechische grüne Bohnen 96
Dip aus Kartoffeln mit Knoblauch und Bärlauch 68
Frühkartoffeln mit Bärlauch und Dill 60
Kartoffelsalat mit Löwenzahn und Petersilie 106
Sauerampfersuppe mit Lauch und Erbsen 78
Saure Brennnesselsuppe nach Klosterart 80
Saure Frühlingskräutersuppe 56
Sommergemüse-Eintopf 108
Zelenchukova Gemüsesuppe 84

KEKSE
Gebratene Haferflockenplätzchen 72
Leckere Kekse mit reichlich Gewürzsirup 190

KICHERERBSEN
Kichererbsen-Zitronen-Suppe 196

KIRSCHEN
Amarokirschen im Knuspermantel 130
Obstdessert mit Maismehl 172

KOHLRABI
Kohlrabi gefüllt mit Pilzen 66
Kohlrabisuppe 202

KOMPOTT
Armenisches Kompott 201
Sommerliches Kompott 105

KÜMMEL
Kümmelsuppe 208

KÜRBIS
Gefüllter Kürbis 176
Kürbis-Strudel 164

L

LAUCH
Lauch mit Früchten 215
Lauch-Oliven-Eintopf 194
Sauerampfersuppe mit Lauch und Erbsen 78
Sommergemüse-Eintopf 108

LÖWENZAHN
Kartoffelsalat mit Löwenzahn und Petersilie 106
Pikanter Frühlingssalat 82

M

MAISMEHL
Brennnessel-Knoblauch-Polenta 46
Georgisches Maisbrot 53
Mit Brennnesseln gefüllte Khinkali 79
Polentabällchen mit Pilzfüllung 146

MARMELADE
Gebratene Zwetschgenmarmelade 148
Möhren-Marmalade 126
Quittenmarmelade 160

MEERRETTICH
Eingelegter Salat 209

MINZE
Gebackene Weinblätter mit Reis 74
Rote-Bete-Salat mit Tkemali-Pflaumensauce 166
Sommerliches Kompott 105
Spinatpastete 124

MÖHREN
Brotaufstrich aus Gemüse und Pilzen 158
Eingelegter Salat 209
Gefüllte Kohlroulade nach Klosterart 192
Lauch mit Früchten 215
Mit Bohnen gefüllte Paprika 153
Möhren-Marmalade 126
Saure Brennnesselsuppe nach Klosterart 80
Saure Frühlingskräutersuppe 56
Saure Suppe aus trockenen Bohnen mit Hopfenaufguss 162
Sommergemüse-Eintopf 108
Weinblatt-Röllchen gefüllt mit Buchweizen und Gemüse 64
Zelenchukova Gemüsesuppe 84

N

NUDELN
Hausgemachte Nudeln mit Waldpilzen 168
Nudeln in süßer Gewürzsuppe 62

O

OLIVEN
Lauch-Oliven-Eintopf 194

P

PAPRIKA
Ajvar 93
Auberginen-Aufstrich 94
Auberginen nach Kehrdon-Style 95
Brotaufstrich aus Gemüse und Pilzen 158
Eingelegter Salat 209

Gebackene gefüllte Champignons 189
Gebratener Spitzpaprika-Salat 121
Gefüllter Kürbis 176
Gemüseaufstrich oder Dip 48
Gerstenrisotto mit grüner Sauce und Gemüse 112
Mit Bohnen gefüllte Paprika 153
Polentabällchen mit Pilzfüllung 146
Saure Suppe aus trockenen Bohnen mit Hopfenaufguss 162
Sommergemüse-Eintopf 108
Süß-herzhafte Suppe mit gegrillten Tomaten und Paprika 88
Weißkohl-Eintopf 182

PASTETE
Spinatpastete 124

PASTINAKEN
Saure Brennnesselsuppe nach Klosterart 80
Zelenchukova Gemüsesuppe 84

PERLGRAUPEN
Gerstenbrei mit Walnüssen und Gewürzen 210

PESTO
Topinambur mit Bärlauchpesto 73

PFLAUMEN
Armenisches Kompott 201
Lauch mit Früchten 215
Obstdessert mit Maismehl 172
Quittensauce 141
Rote-Bete-Salat 61
Rote-Bete-Salat mit Tkemali-Pflaumensauce 166
Rotkohl mit getrockneten Pflaumen 188
Sommerliches Kompott 105

PILZE
Brotaufstrich aus Gemüse und Pilzen 158
Buchweizenblätter mit geschmorten Pilzen und karamellisierten Zwiebeln 214
Gebackene gefüllte Champignons 189
Gefüllte Kohlroulade nach Klosterart 192
Gegrillte Austernpilze 117
Hausgemachte Nudeln mit Waldpilzen 168
Kohlrabi gefüllt mit Pilzen 66
Pilzsuppe 136
Polentabällchen mit Pilzfüllung 146

Schnell eingelegte Champignon-Vorspeise 159

PIMPINELLE
Gerstenrisotto mit grüner Sauce und Gemüse 112

PINIENKERNE
Sauerampfersuppe mit Lauch und Erbsen 78

PISTAZIEN
Gebackene Weinblätter mit Reis 74
Zucchini mit Pistazien 122

POLENTA
Brennnessel-Knoblauch-Polenta 46
Hirsepolenta 145
Polentabällchen mit Pilzfüllung 146

PORTULAK
Portulak-Salat mit Sommergemüse 113

PUDDING
Russischer Obst-Pudding 104

Q

QUITTEN
Lauch mit Früchten 215
Quittenmarmelade 160
Quittensauce 141

R

RADIESCHEN
Pikanter Frühlingssalat 82
Portulak-Salat mit Sommergemüse 113

REIS
Gebackene Weinblätter mit Reis 74
Gefüllte Kohlroulade nach Klosterart 192

ROSINEN/SULTANINEN
Armenisches Kompott 201
Gebackene Weinblätter mit Reis 74

ROTE BETE
Rote Bete gefüllt mit Meerrettich 134
Rote-Bete-Salat 61
Rote-Bete-Salat mit Tkemali-Pflaumensauce 166

ROTKOHL
Rotkohl mit getrockneten Pflaumen 188

RUCOLA
Pikanter Frühlingssalat 82

RUM
Gerstenbrei mit Walnüssen und Gewürzen 210
Obstdessert mit Maismehl 172
Weihnachtspfannkuchen mit Walnüssen und Hanfsamen 200

S

SALAT
Auberginen-Salat 92
Eingelegter Salat 209
Gebratener Spitzpaprika-Salat 121
Kartoffelsalat mit Löwenzahn und Petersilie 106
Pikanter Frühlingssalat 82
Portulak-Salat mit Sommergemüse 113
Rote-Bete-Salat 61
Rote-Bete-Salat mit Tkemali-Pflaumensauce 166
Scharbockskraut-Salat 52
Trockenbohnensalat mit roten Zwiebeln 170
Wassermelonen-Salat mit Meerrettich 120

SAUERAMPFER
Sauerampfersuppe mit Lauch und Erbsen 78
Saure Frühlingskräutersuppe 56

SAUERKRAUT
Gefüllte Kohlroulade nach Klosterart 192
Rote-Bete-Salat 61
Saure Brennnesselsuppe nach Klosterart 80

SCHARBOCKSKRAUT
Scharbockskraut-Salat 52

SELLERIE
Eingelegter Salat 209
Gefüllte Kohlroulade nach Klosterart 192
Gefüllter Kürbis 176
Mit Bohnen gefüllte Paprika 153
Saure Frühlingskräutersuppe 56
Saure Suppe aus trockenen Bohnen mit Hopfenaufguss 162
Sommergemüse-Eintopf 108
Weinblatt-Röllchen gefüllt mit Buchweizen und Gemüse 64
Zelenchukova Gemüsesuppe 84

SIRUP
Himbeersirup 100

SORBET
Blütenblätter-Sorbet 101

SPINAT
Saure Frühlingskräutersuppe 56
Spinatpastete 124

STACHELBEEREN
Sommerliches Kompott 105

STAUDENSELLERIE
Eingelegter Salat 209

STRUDEL
Kürbis-Strudel 164
Rosenblütenstrudel 131

SUPPE
Kichererbsen-Zitronen-Suppe 196
Kohlrabisuppe 202
Kümmelsuppe 208
Nudeln in süßer Gewürzsuppe 62
Pilzsuppe 136
Sauerampfersuppe mit Lauch und Erbsen 78
Saure Brennnesselsuppe nach Klosterart 80
Saure Frühlingskräutersuppe 56
Saure Suppe aus trockenen Bohnen mit Hopfenaufguss 162
Süß-herzhafte Suppe mit gegrillten Tomaten und Paprika 88
Zelenchukova Gemüsesuppe 84

T

TEIGTASCHEN
Amarokirschen im Knuspermantel 130
Kraut-Taschen 204
Mit Brennnesseln gefüllte Khinkali 79

TOMATEN
Auberginen nach Kehrdon-Style 95
Authentische griechische grüne Bohnen 96
Brotaufstrich aus Gemüse und Pilzen 158
Eingelegter Salat 209
Gebackene Weinblätter mit Reis 74
Gebratener Spitzpaprika-Salat 121
Gefüllter Kürbis 176
Gemüseaufstrich oder Dip 48
Kohlrabi gefüllt mit Pilzen 66
Lauch-Oliven-Eintopf 194
Mit Bohnen gefüllte Paprika 153
Portulak-Salat mit Sommergemüse 113
Sommergemüse-Eintopf 108
Süß-herzhafte Suppe mit gegrillten Tomaten und Paprika 88
Weinblatt-Röllchen gefüllt mit Buchweizen und Gemüse 64
Weißkohl-Eintopf 182

TOPINAMBUR
Topinambur mit Bärlauchpesto 73

W

WALNUSSKERNE
Amarokirschen im Knuspermantel 130
Auberginenröllchen gefüllt mit Walnüssen und Granatapfel 144
Gebackene gefüllte Champignons 189
Gebratene Zwetschgenmarmelade 148
Gefüllte Zucchiniröllchen 117
Gerstenbrei mit Walnüssen und Gewürzen 210
Kohlrabi gefüllt mit Pilzen 66
Langsam gekochter Bohneneintopf mit Nüssen und Granatapfelkernen 184
Leckere Kekse mit reichlich Gewürzsirup 190
Nudeln in süßer Gewürzsuppe 62
Portulak-Salat mit Sommergemüse 113
Rosenblütenstrudel 131
Rote-Bete-Salat mit Tkemali-Pflaumensauce 166
Spinatpastete 124
Weihnachtspfannkuchen mit Walnüssen und Hanfsamen 200

WASSERMELONE
Wassermelonen-Salat mit Meerrettich 120

WEIN
Buchweizenblätter mit geschmorten Pilzen und karamellisierten Zwiebeln 214
Gebackene Weinblätter mit Reis 74
Gerstenrisotto mit grüner Sauce und Gemüse 112
Hausgemachte Nudeln mit Waldpilzen 168
Quittensauce 141
Rotkohl mit getrockneten Pflaumen 188
Schnell eingelegte Champignon-Vorspeise 159
Sommergemüse-Eintopf 108
Weinblatt-Röllchen gefüllt mit Buchweizen und Gemüse 64, 74

WEINBLÄTTER
Gebackene Weinblätter mit Reis 74
Weinblatt-Röllchen gefüllt mit Buchweizen und Gemüse 64

WEISSKOHL
Eingelegter Salat 209
Kraut-Taschen 204
Weißkohl-Eintopf 182
Zelenchukova Gemüsesuppe 84

Y

YUFKA-TEIG
Kürbis-Strudel 164
Rosenblütenstrudel 131
Spinatpastete 124

Z

ZUCCHINI
Authentische griechische grüne Bohnen 96
Gefüllter Kürbis 176
Gefüllte Zucchiniröllchen 117
Gerstenrisotto mit grüner Sauce und Gemüse 112
Sommergemüse-Eintopf 108
Zucchini mit Pistazien 122

ZWETSCHGEN
Gebratene Zwetschgenmarmelade 148

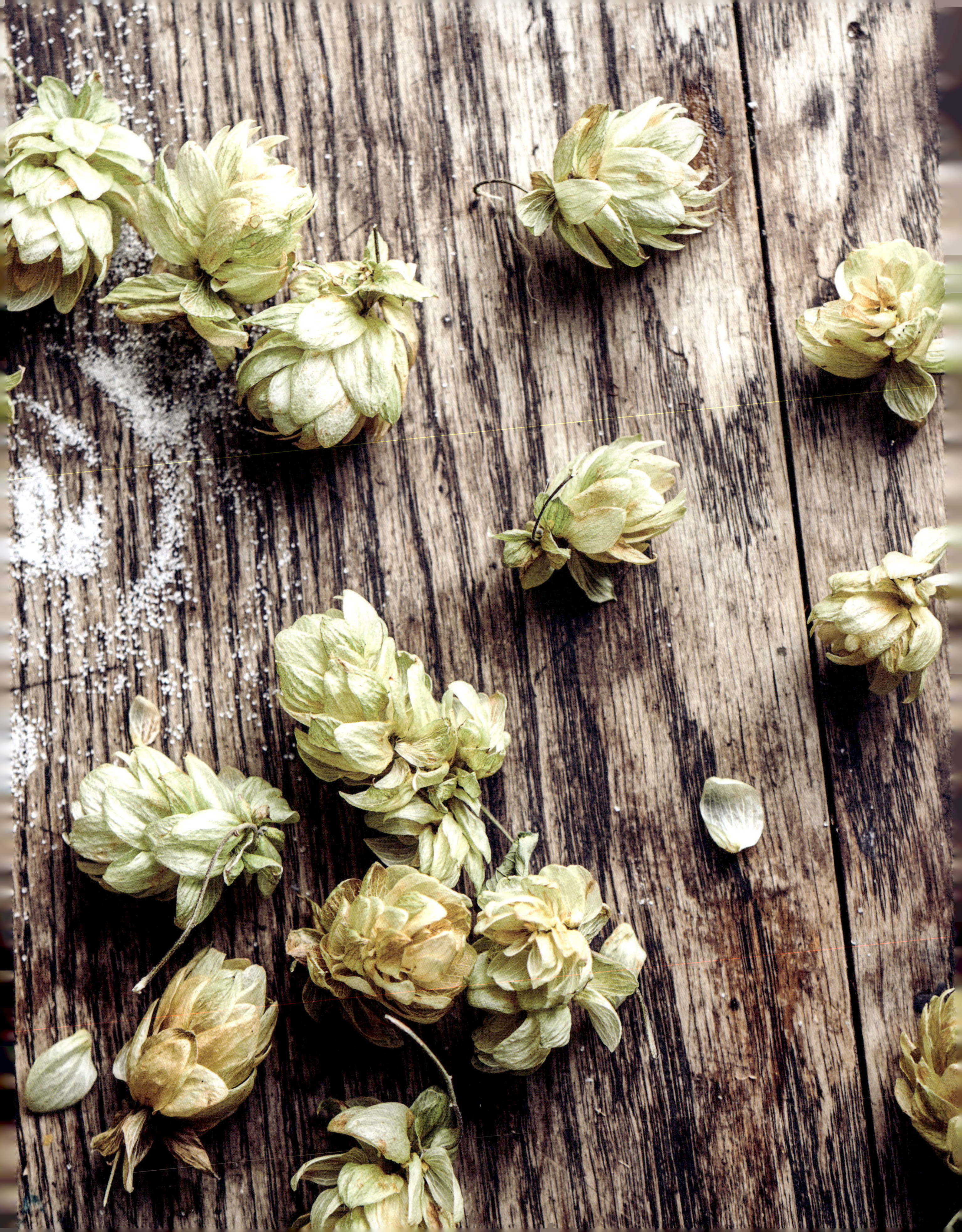

NOCH MEHR VEGANE INSPIRATION

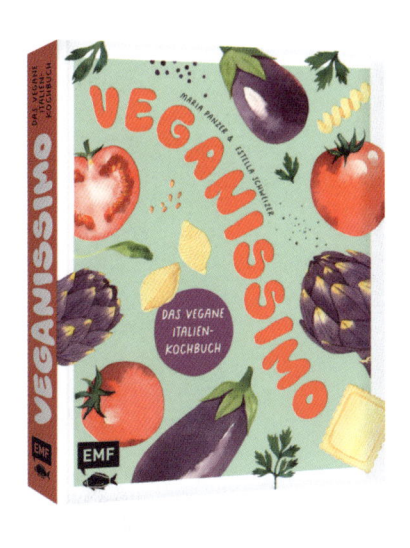

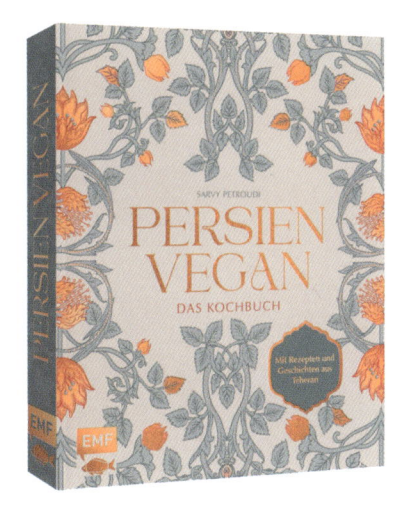

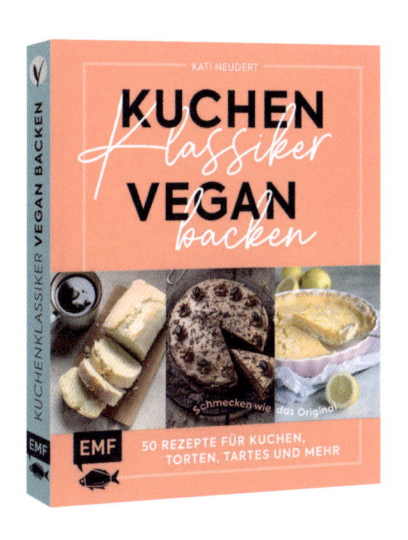

VEGANISSIMO – DAS VEGANE ITALIEN-KOCHBUCH

Über 80 authentische mediterrane Rezepte und stimmungsvolle Impressionen

€ 34,00 (D), € 35,00 (A)

978-3-7459-0960-9

PERSIEN VEGAN – DAS KOCHBUCH

Die persische Küche neu erleben. Mit Rezepten und Geschichten aus Teheran

€ 34,00 (D), € 35,00 (A)

ISBN 978-3-7459-1794-9

KUCHENKLASSIKER VEGAN BACKEN

Schmecken wie das Original: 50 Rezepte für Kuchen, Torten, Tartes und mehr

€ 18,00 (D), € 18,50 (A)

ISBN 978-3-7459-2092-5

ÜBER DIE AUTOREN

Angelika Grossmann gelingt es in ihrer einfühlsamen Fotografie, die Essenz kulinarischer Kunst in eindrücklichen Bildern einzufangen. Ihre Leidenschaft für Essen und Schönheit treibt ihre Arbeit voran. Dabei versteht sie es, Gerichte in faszinierende visuelle Erlebnisse zu verwandeln, die die Sinne anregen und zu kulinarischem Genuss inspirieren.

Eine Ausbildung in der Gastronomie und ein Studium in Dortmund haben ihr Verständnis für Lebensmittel und deren Präsentation weiter geschärft und eine einzigartige Perspektive eröffnet, aus der sie die komplizierten Details und Texturen einfangen kann, die jedes Gericht zu einem Meisterwerk machen. Ihre Reise nach Berlin, einem pulsierenden kulinarischen Zentrum, hat ihr Portfolio weiter bereichert und sie mit einer Vielzahl von kulinarischen Einflüssen konfrontiert, die ihre kreative Vision inspirieren.

In der Food-Fotografie von Angelika Grossmann geht es nicht nur darum, ein Bild einzufangen, sondern auch darum, Geschichten zu erzählen. Jedes Foto ist eine Einladung, in die Welt des Gerichts einzutauchen, seine Aromen und Texturen durch die Linse ihres künstlerischen Auges zu erleben. Ihre Kompositionen werden mit großer Sorgfalt ausgearbeitet und betonen das Zusammenspiel von Licht, Farbe und Komposition, um jedes Element zum Leben zu erwecken und ein Fest für die Augen zu schaffen.

Stefan Pop träumte als Kind davon, Pilot zu werden. Das Interesse für Lebensmittel und ihr Aussehen und wie sie Emotionen erzeugen oder vermitteln können, erwachte erst sehr viel später. Zunächst jedoch arbeitete er zusammen mit Kreativen und Marketingfachleuten sehr erfolgreich in der Werbung, in einer Zeit, als die Branche in Rumänien boomte. Das Kochen blieb lange private Erfüllung – das Vergnügen, wie ein Maler vor einer Leinwand zu stehen, der mit Farben und Texturen Aromen kreiert.

Als Stefan Pop 2009 Vater wurde, wechselte er schließlich den Beruf und eröffnete sein eigenes Restaurant in Ungarn – in einem anderen Land und einer anderen Sprache. Dort begann er zu lernen und auszuprobieren, was professionelles Kochen bedeutet. Bis heute lädt er Menschen ein, die verschiedenen kulinarischen Traditionen zu erleben, die sich in seinem Kochstil und seiner Vision von Kochkunst vereinen.

Eine lebensverändernde Begegnung mit einer brillanten Food-Fotografin lenkte seine Aufmerksamkeit auf das Foodstyling. Wissen, Schönheit, Frische, Harmonie, Ausdruck, Details, Handwerk und Komposition waren einzelne Elemente seiner Arbeit, von nun an lag der Fokus darauf, sie zusammenzubringen.

DANKE

Wir danken unseren Freunden und Familien, die uns unterstützt und ermutigt haben, dieses Buch zu machen.

Insbesondere geht unser Dank an:

Alina Floroi

Lucian Dragomir

Oana Mondoc

Asociatia „We Wilder" Romania

Oana Valentina Suciu

Cristina Francu

Milos Jovanovic

IMPRESSUM

Bibliografische Information der Deutschen Bibliothek.

Die Deutsche Bibliothek verzeichnet diese Publikation in der Deutschen Nationalbibliografie.

Detaillierte bibliografische Daten sind im Internet über http://www.dnb.de/ abrufbar.

Alle in diesem Buch veröffentlichten Abbildungen sind urheberrechtlich geschützt und dürfen nur mit ausdrücklicher schriftlicher Genehmigung des Verlags gewerblich genutzt werden. Eine Vervielfältigung oder Verbreitung der Inhalte des Buchs ist untersagt und wird zivil- und strafrechtlich verfolgt. Das gilt insbesondere für Vervielfältigungen, Übersetzungen, Mikroverfilmungen und die Einspeicherung und Verarbeitung in elektronischen Systemen.

Die im Buch veröffentlichten Aussagen und Ratschläge wurden von Verfasser und Verlag sorgfältig erarbeitet und geprüft. Eine Garantie für das Gelingen kann jedoch nicht übernommen werden, ebenso ist die Haftung des Verfassers bzw. des Verlags und seiner Beauftragten für Personen-, Sach- und Vermögensschäden ausgeschlossen.

Bei der Verwendung im Unterricht ist auf dieses Buch hinzuweisen.

Die automatisierte Analyse des Werkes, um daraus Informationen insbesondere über Muster, Trends und Korrelationen gemäß § 44b UrhG („Text und Data Mining") zu gewinnen, ist untersagt.

EIN BUCH DER EDITION MICHAEL FISCHER

1. Auflage 2024

© 2024 Edition Michael Fischer GmbH,
Donnersbergstr. 7, 86859 Igling

Covergestaltung & Layout: Michaela Zander
Satz: Carolin Mayer

Projektleitung und Lektorat: Lisa Helmus und Ulrike Reihn-Hamburger

Autor: Stefan Pop

Fotos: Angelika Grossmann, www.angelikagrossmann.com

ISBN 978-3-7459-1927-1

Gedruckt bei C&C Offset Printing Co., LTD.,
14/F, C&C Building, 36 Ting Lai Road, Tai Po, N. T. Hong Kong

www.emf-verlag.de